Disclosure of Not-for-Profit Organizations
Suggestion from Charity Accounting in the UK

非営利組織における情報開示

英国チャリティ会計からの示唆

◉兵頭和花子［著］
Hyodo Wakako

中央経済社

はじめに

　本書は日本の非営利組織がどのような情報開示を行うべきであるのか，その方向性について英国のチャリティ会計を援用しながら研究したものである。
　非営利組織会計の研究は2000年以降から急増しているが，営利組織会計に比べてその研究はまだ少なく，緒についたばかりともいえる。そのため，非営利組織会計には長く検討されてきた研究課題もいまだに存在している。たとえば多様な会計の存在や営利組織会計の導入などである。
　現在の日本の非営利組織の会計は多様な会計から構成されている。日本の非営利組織には多くの法人が含まれる。たとえば，公益法人や社会福祉法人，学校法人，医療法人，NPO法人などが存在し，それぞれの法人に主務官庁が存在し，それぞれの非営利法人に会計基準が定められている。たとえば，公益法人では公益法人会計基準を，医療法人では医療法人会計基準を，学校法人では学校法人会計基準を，社会福祉法人では社会福祉法人会計基準を，特定非営利活動法人（以下NPO法人とする）ではNPO法人会計基準を採用している。このように多様な会計が存在し，かつさまざまな会計基準が定められていることから，利害関係者にとっての理解容易性や比較可能性は乏しいといえる。
　そこで本書では，日本の非営利組織会計を検討する際に，日本よりも早くから検討が始まっている英国のチャリティ会計を取り上げている。英国のチャリティ会計の中心はチャリティ会計の実務指針である「会計実務勧告書（Statement of Recommended Practice：以下SORPとする）」である。このSORPの検討は，1980年代から始められた。そのため，日本よりも非営利組織の研究はすすんでいるといえる。ただし，英国のチャリティ会計はたびたび改正されており，初期の1980年頃は，営利組織会計の導入が進められていたが，1995年頃からは非営利組織としてのチャリティを意識し，その会計の確立を目指しているといえる。現在は，IFRSの影響を受け，そのチャリティ会計の確立を目指しており，いずれにしろ，日本の非営利組織会計とは異なった特徴を持つといえる。本書ではこのような英国のチャリティ会計の成立を，歴史的変遷とその特徴を通して考察することによって，日本の非営利組織会計へ重要な示唆が得ら

れたと考えられる。

　英国チャリティ会計の特徴の1つに発生主義会計の採用がある。しかし，英国チャリティ会計の中では発生主義会計は営利組織会計の発生主義であり，非営利組織会計のそれはどのような概念となるのかについては検討されていなかった。そのため，本書では非営利組織の発生主義概念についても取り上げ，その点を考慮に入れた情報開示について考察している。また，英国チャリティ会計ではファンド会計の採用やナラティヴ情報（非財務情報）の提供も行っている。各々の特徴はどのようなものであるかについても考察している。そして，終章で日本の非営利組織の1つであるNPO法人を取り上げ，その計算書を中心にどのような情報開示を行えているのか，どのように改善していくべきであるのかについて，情報開示の目的と発生主義会計という側面から，非営利組織の情報開示について提案するものである。

　本書の構成は，第1章で日本と英国における非営利組織会計の現状と課題について述べている。ここでは，日本の非営利法として公益法人，医療法人，学校法人，社会福祉法人，NPO法人を取り上げている。第2章では，英国チャリティ会計の特質とそれを構成する基礎概念を整理している。そしてここで，営利組織の発生主義と非営利組織の発生主義についても検討した。第3章では，英国のチャリティ会計を規制や監督・支援を行うチャリティ法とチャリティ委員会について取り上げている。とくに，チャリティ法はどのようにチャリティ会計に関わってきたのかについて，会計の側面から取り上げた。第4章では，英国チャリティ会計の歴史的構築として，1988年に定められた英国のチャリティ会計のSORPがどのように構築されて来たのかを検討する。そのために，1988年のSORP以前の研究報告書等を取り上げ，そこでは営利組織会計の導入を提唱していることを明らかにしている。そして，続く第5章では，1988年のSORPが営利組織会計を採用していたという特徴から非営利組織の考え方を採用するまでに至る歴史的変遷を明らかにしている。第6章では，前章の営利組織会計から非営利組織会計への変革の一端として財務諸表がどのように変更されたのかについて検討している。第7章では現在のIFRSを導入したSORPを取り上げている。とくに，チャリティ会計の情報開示の特徴といえるファンド会計とナラティヴ情報（非財務情報）に焦点をあて，それぞれが情報

開示目的にどのような役割を果たしているのかについて検討している。最後に終章として，日本のNPO法人を取り上げ，これまで検討してきた英国チャリティ会計の考え方を敷衍した場合，どのような情報開示を行うべきであるのかについて検討している。

　本書は，博士論文およびこれまでに公表した論文に大幅な加筆・修正を行いまとめたものである。しかしながら，浅学菲才な身であることから，思わざる錯誤や過誤があるかもしれない。読者諸賢のご叱正とご批判をいただき，今後の研鑽に努めたい。
　本書が完成するまでに多くの先学諸先生方のご指導とご助言・ご激励をいただいた。とくに学部生時代から大学院博士後期課程および今日までご指導いただいている恩師の神戸大学名誉教授（現：国士舘大学教授）中野常男先生には心より感謝申し上げる。そして神戸大学大学院教授　國部克彦先生には博士論文作成の過程で，懇切丁寧なご指導をいただいた。さらに，京都産業大学教授　橋本武久先生，神戸大学大学院教授　清水泰洋先生，駒澤大学教授　桑原正行先生方のご指導がなければ，筆者の研究はこのような形で実を結ぶことはなかったであろう。今日，筆者が研究者の末席にいられるのも，中野先生をはじめ，先生方のご指導によるものである。深く感謝申し上げる。本書では，先生方よりいただいたご厚恩に到底報いることはできないが，今後も一層研究に邁進することによってご容赦願いたい。
　また，各研究会や学会等でも先生方にご指導とご鞭撻をいただいた。京都大学大学院教授の藤井秀樹先生，公認会計士の江田寛先生（横浜みなと会計事務所），税理士の橋本俊也先生（橋本経営会計事務所）には大学院生の頃より，長きにわたりご指導とご助言をいただいている。感謝の念に堪えない。
　現在勤務している兵庫県立大学においては，兵庫県立大学大学院会計研究科の高須教夫教授，研究科長の林昌彦教授には大変お世話になっており，ここに感謝の意を表したい。
　末筆ながら，出版事情が厳しい中，本書の出版をお引き受けいただいた中央経済社の山本継社長と構成から出版まで一方ならずご尽力を賜った田邉一正氏をはじめ中央経済社の皆様にも感謝申し上げる。また，校正については兵庫県立大学大学院会計研究科　大西美聡氏にご協力いただいた。感謝申し上げる。

本書の執筆にあたって科学研究費補助金（基盤研究Ｃ）16K03993の助成を受けている。また，出版にあたって兵庫県立大学の淡水会後援基金助成金を受けている。これらの助成にも記して感謝申し上げる次第である。

　最後に私事になり恐縮であるが，筆者の研究を常に応援してくれた夫　一郎と，息子　響，娘　花音にも感謝の意を表したい。

2018年12月

兵頭　和花子

目　次

序章　本書の問題意識と構成

1. 日本における非営利組織の存在意義と研究の意義 …………… 1
2. 非営利組織会計の先行研究 ………………………………………… 2
   - 2.1　非営利組織会計研究の現状 ……………………………… 2
   - 2.2　非営利組織会計における課題 …………………………… 4
3. 非営利組織における情報開示アプローチ ……………………… 8
   - 3.1　アカウンタビリティ理論 ………………………………… 8
   - 3.2　意思決定有用性理論 ……………………………………… 11
4. 本書の構成 ………………………………………………………… 12

第1章　日本と英国における非営利組織会計の現状と課題

1. はじめに …………………………………………………………… 21
2. 日本の非営利組織会計の制度と現状 …………………………… 22
   - 2.1　公益法人会計 …………………………………………… 22
   - 2.2　医療法人会計 …………………………………………… 23
   - 2.3　学校法人会計 …………………………………………… 25
   - 2.4　社会福祉法人会計 ……………………………………… 27
   - 2.5　NPO法人会計 …………………………………………… 29
3. 英国の非営利組織会計 …………………………………………… 33
   - 3.1　英国におけるチャリティの存在とチャリティへの規制 …… 33
   - 3.2　新英国会計基準とSORPの関係 ………………………… 34
   - 3.3　英国チャリティ会計の研究意義 ………………………… 35
4. おわりに …………………………………………………………… 36

第2章 英国チャリティ会計の特質とそれを構成する基礎概念

1 はじめに……………………………………………………………………41
2 真実かつ公正な概観（True and Fair View）…………………………42
3 会計基準設定主体…………………………………………………………43
4 一般に認められた会計原則（UK GAAP）……………………………44
5 発生主義……………………………………………………………………47
   5.1 営利組織における発生主義会計……………………………………47
   5.2 非営利組織における発生主義会計…………………………………49
6 おわりに……………………………………………………………………51

第3章 英国チャリティ法（Charities Act）と英国チャリティ委員会（Charity Commission）

1 はじめに……………………………………………………………………55
2 チャリティ法………………………………………………………………56
   2.1 チャリティ法の概略…………………………………………………56
   2.2 1960年チャリティ法（Charities Act 1960）………………………58
   2.3 1992年チャリティ法（Charities Act 1992）………………………58
   2.4 1993年チャリティ法（Charities Act 1993）………………………61
   2.5 2006年チャリティ法（Charities Act 2006）………………………62
   2.6 2011年チャリティ法（Charities Act 2011）………………………64
3 チャリティ委員会…………………………………………………………67
4 おわりに……………………………………………………………………68

第4章 英国チャリティ会計の歴史的構築
—1988年 SORP 公表以前—

1 はじめに……………………………………………………………………75
2 チャリティ会計の展開……………………………………………………76
3 Bird and Morgan-Johns の研究報告書『チャリティの財務報告（*Financial Reporting by Charities*）』……………………………77

3.1　目的と構成 …………………………………………………………77
　　　3.2　年次報告書と財務諸表 ……………………………………………80
　4　ASCによる討議資料『チャリティの会計（*Accounting by Charities*）』……………………………………………………………………82
　　　4.1　目的と構成 …………………………………………………………82
　　　4.2　年次報告書と財務諸表 ……………………………………………83
　5　ASCの公開草案第38号『チャリティの会計（*Accounting by Charities*）』……………………………………………………………………85
　　　5.1　目的と構成 …………………………………………………………85
　　　5.2　年次報告書と財務諸表 ……………………………………………86
　6　おわりに …………………………………………………………………89

第5章　英国チャリティSORPの変遷と特徴
―英国チャリティSORPの意義と台頭―

　1　はじめに …………………………………………………………………95
　2　1988年SORP（SORP1988）―『チャリティの会計（*Accounting by Charities*）』― ……………………………………………………………96
　　　2.1　SORP1988に対する社会的認識と会計の規定 …………………96
　　　2.2　SORP1988の年次報告書の目的とその内容 ……………………98
　　　2.3　SORP1988の財務諸表の内容 ……………………………………100
　　　2.4　SORP1988の特徴 …………………………………………………101
　3　1995年SORP（SORP1995）―『チャリティの会計（*Accounting by Charities*）』― ……………………………………………………………102
　　　3.1　SORP1995に対する社会的認識と会計の規定 …………………102
　　　3.2　SORP1995の年次報告書と財務諸表の目的 ……………………103
　　　3.3　SORP1995の年次報告書と財務諸表の内容 ……………………104
　　　3.4　SORP1995の特徴 …………………………………………………108
　4　2000年SORP（SORP2000）―『チャリティの会計と報告書（*Accounting and Reporting by Charities：SORP（Revised 2000）*）』― ………………………………………………………………109
　　　4.1　SORP2000の年次報告書と財務諸表の目的 ……………………110
　　　4.2　SORP2000の年次報告書と財務諸表の内容 ……………………111

4.3　SORP2000の特徴 …………………………………………114
　5　2005年SORP（SORP2005）―『チャリティの会計と報告書
　　　（*Accounting and Reporting by Charities：SORP（Revised 2005）*）』― ………………………………………………………114
　　　5.1　SORP2005の年次報告書と財務諸表の目的……………115
　　　5.2　SORP2005の年次報告書と財務諸表の内容……………116
　　　5.3　SORP2005の特徴 …………………………………………119
　6　おわりに…………………………………………………………123

第6章　現在の英国チャリティ会計の起点
―SORP1995における変革―

　1　はじめに…………………………………………………………131
　2　資金計算書………………………………………………………132
　　　2.1　営利組織における資金計算書（Stataments of Source and Application of Funds）………………………………………132
　　　2.2　チャリティにおける資金計算書（Statement of Source and Application of Funds）………………………………………135
　3　キャッシュ・フロー計算書……………………………………137
　　　3.1　営利組織におけるキャッシュ・フロー計算書…………137
　　　3.2　チャリティにおけるキャッシュ・フロー計算書………138
　4　収支計算書（Income and Expenditure Account）……………141
　5　財務活動計算書（Statement of Financial Activities）………143
　6　おわりに…………………………………………………………144

第7章　現在の英国チャリティ会計（FRS102SORP）
―『チャリティの会計と報告書（*Accounting and Reporting by Charities：SORP（FRS102）*）』―

　1　はじめに…………………………………………………………151
　2　FRSとチャリティSORPの関係………………………………152
　3　FRS102SORPの特徴と構成……………………………………153
　　　3.1　理事者の年次報告書と財務諸表の目的および理事者の

　　　　　年次報告書の構成………………………………………156
　　3.2　財務諸表の構成………………………………………158
　　3.3　ファンド会計（Fund Accounting）…………………165
　　3.4　ナラティヴ（Narrative）情報………………………169
　4　おわりに……………………………………………………172

終章　日本の非営利組織会計への展望

　1　はじめに……………………………………………………177
　2　英国チャリティ会計の特徴
　　　―アカウンタビリティの履行と意思決定に有用な情報―………178
　3　日本の非営利組織会計への援用―NPO法人を中心として―……180
　4　おわりに……………………………………………………184

参考文献……………………………………………………………187
索　引………………………………………………………………203

本書の問題意識と構成

1 日本における非営利組織の存在意義と研究の意義

　日本における非営利組織は社会においてその活動が認められ，社会全体における影響も無視できない存在となっている。非営利組織とは，活動目的が非営利であること，利益の分配を行わない非分配制約であること，資源に寄付等[1]が存在していることなどの特徴を持つ組織をいう[2]。この特徴を持つ組織は，不特定多数の者の利益の実現を目的とし，社会経済活動に大きな貢献を果たしており，今後もその需要は見込まれている。この非営利組織の具体的な活動として，公益，医療，社会福祉，教育等が代表例として挙げられ，非営利法人として公益法人，学校法人，医療法人，社会福祉法人，特定非営利活動法人（以下NPO法人とする）など，さまざまな法人が存在している[3]。一方，営利組織とは営利を目的とした財貨の生産・販売を行うことを活動目的とし，一般に「企業」とよばれ，個人商店から株式会社までが含まれる[4]。

　非営利組織の存在は，1998年に公表された『NPO（民間非営利組織）ワーキング・グループ報告書』によれば，日本の経済社会が抱えている課題に対して何らかの解決に貢献できるという意味で重要となってきたとしている[5]。また，さらに「我が国の経済社会システムのあり方を見直し，これからの21世紀にふさわしいシステムに変革することを求められている。NPOはその変革の担い手として重要な役割を果たし得るものではないかとの期待も強い」[6]と述べている。このように，非営利組織は社会全体における影響も無視できない存在と

なっている。

　非営利組織には，①個人の自発的社会参加―国民の価値観が個人の自由や選択の多様性を求めるようになった，②ネットワークによる活性機能―社会的協力関係を生み出すネットワークを非営利組織が担い，組織や経済社会システムを活性化させる，③公共性と多様な価値観（プルラリズム）―個人相互の社会的協力関係によって多くの異なる価値観（プルラリズム）を持つ人々を包含し，多様な公共性を生み出す，④需要者と供給者の二重の役割―非営利組織は国民の需要の代弁者としての側面と，また公共財の代替的な供給者としての側面の2つがある[7]といった特徴的な機能があると『NPO（民間非営利組織）ワーキング・グループ報告書』では述べている[8]。

　しかし，そこにはさまざまな問題が存在していることも事実である。たとえば，天下りの受け皿となっていたり，補助金の不正受給など社会的問題が生じている[9]。また，情報開示[10]の不十分さも指摘されている。日本公認会計士協会［2013］によれば，日本の多くの非営利組織には「一定の情報開示が課せられているが，備置きのみであったり，開示請求が必要であったり，情報の入手しやすさに課題がある」[11]と述べている。すなわち，現在の社会状況にあった会計制度の必要性や，活動の透明化など整備すべき課題が存在していることが理解できる。

　そこで本書では，非営利組織における情報開示に焦点をあてて検討する。日本公認会計士協会［2013］では「非営利組織は，自立性を高め，組織外部からさまざまな形で資源提供を受け，目的を達成するべく活動を進めていく上で，説明責任[12]が適切に果たされる必要があり，情報開示の充実が期待される」[13]と述べているように，当該課題は現在の日本の非営利組織の喫緊の課題であるといえる。

2　非営利組織会計の先行研究

2.1　非営利組織会計研究の現状

　日本の非営利組織会計におけるこれまでの研究はさまざまな観点から行われ

ている。その研究は，黒木［2013］によれば，2000年以降から急激に増加していることが理解できる[14]。黒木［2013］の研究では，日本の非営利組織会計に関する研究は1930年代に初めて観察され，1960年代は非営利組織会計に関する研究はほとんど見られないが，1970年代から1980年代にかけては増加傾向にあるとしている[15]。この点について藤井［1998］でも，「アメリカの事例も含め，民間非営利法人の会計については，これまでに意外なほど研究がなされていない」[16]と指摘している。

1980-1990年代の先行研究としては，若林［1987］；［1997］や守永［1989］がある。若林［1987］では，米国および英国の非営利組織会計の現状を研究したものであり，若林［1997］では米国の財務会計基準審議会（Financial Accounting Standards Board：以下FASBとする）を中心とした非営利組織会計の取組みについて整理・検討したものである。ここでは日本の非営利組織会計との比較が行われ，比較可能性や理解可能性が不十分な状況であると述べられている。守永［1989］では，非営利組織の会計は多様な会計であり，会計処理および報告基準に相違点があることは認めつつも，報告目的の範囲内で規制することによって統一が可能であると述べている。この点については會田［1984］でも述べられている。また，守永［1989］では，非営利組織の資金会計を取り上げ，その資金概念は混乱しており，その原因についても究明している。さらに，具体的な非営利法人として公益法人，社会福祉法人，宗教法人等も取り上げそれぞれの会計の特徴についてまとめている。

上記でも述べたように2000年代に入ると多くの研究論文が公表されている。これらにはそれぞれの非営利法人を取り上げている研究もある。たとえば岡村［2011］は，公益法人会計について取り上げ，学校法人会計については片山［2011］，NPO法人会計については江田［2011］が検討している。さらに各法人ごとの検討ではなく，非営利組織における会計処理について取り上げている研究もある。減価償却や寄付金会計の問題は藤井［2008b］や，武田・橋本［2001］で行われている。

また，日本国内の非営利組織だけではなく，英米の非営利組織会計の研究も行われている。たとえば，英国の非営利組織会計を取り上げている橋本［2004］や，古庄［2002］；［2003］；［2008］；［2012］；［2013］；［2014］；［2017a］；［2017b］，上原［2010a］；［2010b］；［2016］などがあり，これらではチャリティ会計の制

度や財務諸表について詳細に検討している。一方で，米国の非営利組織会計の研究については池田［2000a］；［2000b］；［2007］や武田・橋本［2001］，藤井［2004］；［2008a］，日野［2016］などがある。

さらに，日本の非営利組織全体を研究対象とし，会計環境の変化が非営利組織会計へ与える影響について研究を行っている齋藤［2011］や，非営利組織会計の実態を研究し，その問題点を究明している長谷川［2012］などがある。長谷川［2012］によれば，同じ取引であっても異なる会計処理が行われ，非営利組織会計に関する理解可能性，比較可能性，有用性や表現の忠実性に問題が生じていると指摘する[17]。このように，英米の非営利組織会計や日本の非営利組織会計についても研究が行われてきた。しかし，非営利組織の会計についてはいまだ課題として残っている問題点も存在する。次にその点についていくつか取り上げたい。

2.2 非営利組織会計における課題

2.2.1 多様な非営利組織会計と統一化

非営利組織会計にはさまざまな問題が生じていると上記で述べたが，このような会計上の問題を誘引する理由の1つとして，法人ごとに主務官庁等により設定された会計基準が定められている多様な会計基準の存在が挙げられる。日本の非営利組織会計基準は所轄官庁を横断する統一的会計基準を構築するという着想が欠落し[18]，それぞれの法人を所轄する主務官庁において行政上の必要性から準拠すべき会計基準が設定されてきた[19]。

日本公認会計士協会　近畿会［2000］によれば「非営利法人の場合，所轄官庁による認可主義が大きなウェイトを占め，それらの許認可，監督等の行政目的が優先し，それが会計基準に反映しているためと考えられる。これら所轄官庁間の調整がいままで図られていなかったため，同規模・類似業種でも非営利法人の種類によって，まったく異なる会計処理，計算書類になることもある」[20]としている。すなわち，非営利法人の各会計基準等の作成の際に，法人形態および行う事業の特殊性を考慮した上で，所轄庁の指導監督目的に則して設定されている[21]ことが非営利組織会計の多様性の原因の1つとなっているといえる。

多様な会計の弊害に対応するために，非営利組織会計における統一化の研究

が鋭意進められている。統一化の研究については、たとえば宮本［2014］や古庄［2014］がある。宮本［2014］では、非営利組織は企業会計との統一化を指向するべきかどうかというその意義を検討するとともに、企業会計との基本目的および差異を斟酌しつつ純利益の表示の妥当性について検討が行われている。

また、日本公認会計士協会が非営利組織会計の統一化に向けて、2013年に非営利法人委員会研究報告第25号として、研究報告書『非営利組織の会計枠組み構築に向けて』（以下「研究報告書」とする）を公表した。「研究報告書」では民間非営利組織について、幅広い利害関係者の情報ニーズに応え得る、わかりやすく共通的な会計の枠組み整備に向けた基盤を構築することを目的とし、「法人形態を超え、幅広いステークホルダーのニーズに応え得る共通的な会計枠組みの構築が必要である」[22]とし、現在、日本の非営利組織会計の統一化の研究を進めている。また、2015年には「非営利組織の財務報告の在り方に関する論点整理」を公表している。これらは非営利組織会計を整備し再構築を促すきっかけともなっている[23]。

この「研究報告書」では会計枠組みの構築に向けた提案は3つあり、1つは基本枠組み共有アプローチ―会計基準は法人形態ごとに設定し、非営利組織会計に関する基本枠組みを構築する―、もう1つはモデル会計基準の開発アプローチ―非営利組織会計の基本枠組みを構築するとともに、基本枠組みを基礎として非営利組織会計基準を開発する―、最後に会計基準共通化アプローチ―非営利組織会計の基本枠組みだけでなく、個別の会計論点の取り扱いについても共通に適用される会計基準を設定する―が提案されている。いずれのアプローチが非営利組織にとって最適かはまだ今後の検討課題であり、現時点では個別論点の議論が進められている。

2.2.2　発生主義会計の導入

非営利組織では主務官庁から補助金や指導・監督を受けることが多く、非営利法人会計の目的は主務官庁向けの報告とする考えが一般に受け入れられている[24]。しかし、齋藤［2011］によれば、非営利組織の会計情報は主務官庁の監督目的のみではなく、資源提供者や社会一般の意思決定にとって有用な情報を提供するという目的が重要視されるようになったとしている。すなわち、これまでの主務官庁の監督目的から一般目的へと会計情報が変化するようになって

きたのであるとしている[25]。そして，会計情報が一般目的化すれば，事業の効率性に関する情報が求められ，事業の効率性のためには発生主義に基づく会計情報が求められるとしている[26]。一方で，齋藤［2011］によれば，「発生主義会計は，本質的に収益と費用の対応を導く概念」[27]であり[28]，非営利組織では「寄附や補助金等の存在のために，そのサービスの受益者とその財源の負担者が異なる場合が多く存在し，収入と支出を因果関係に着目して対応させて，各期間の収益と費用として配分するという考え方は採用できない」[29]としている。

　しかし，現在，非営利組織に発生主義会計の導入が図られている。これは非営利組織会計に営利組織会計を導入しようとする証左といえる。この点について，日本公認会計士協会［2008］によれば，「改正時点での企業会計の影響を反映したものとなっている」[30]と述べており，さらに「今日まで，非営利法人に関する各会計基準等の作成時および改正時には，所轄庁に対して会員を委員等として推薦してきており，結果として，企業会計の動向との乖離が少ない状況を確保してきた」[31]と述べている。このように，日本の非営利組織会計は営利組織会計の影響を受けていることが理解できる。しかし，その導入には，上記で齋藤［2011］が指摘しているように，営利組織会計と同じ概念を導入できない場合もある。そうであれば，どのような発生主義概念が非営利組織の発生主義概念と考えられるかについての考察が必要となろう。

　発生主義会計は，日本公認会計士協会［2013］では個別論点として取り上げているが，そこでは「組織の継続的活動能力，活動努力および成果を適切に表現するためには，資源の変動時に会計上の認識を行う発生主義が不可欠である。—（中略）—発生主義を採用することによって，資源の流入および流出実態に対応する形で，貸借対照表におけるストック情報（資産，負債および純資産），活動計算書におけるフロー情報（収益および費用）を的確に計上することができ，情報利用者による財政状態および活動状況の理解に大きく貢献する」[32]としている。ここから理解できるように発生主義会計の必要性や意義については述べられているが，非営利組織における発生主義とはどのように考察するべきであるのかについては述べられていない。この点について金子［2016］でも，「企業会計に沿った発生主義会計を導入しても，それが直ちに非営利組織の会計を改善することにつながるとはいえない」[33]と指摘している。そこで本書では非営利組織における発生主義会計について第2章で検討する。

2.2.3　本書の研究課題

これらの課題に共通しているのは，非営利組織の情報開示をどのように行うのかという点であろう。この課題を検討するためには非営利組織の財務報告の目的を何に据えるかが重要な問題となる。しかし，長谷川［2012］によれば，非営利組織会計（基準）はその会計情報の目的が必ずしも明確にされていないとしている[34]。一方，齋藤［2011］で，会計情報の目的は，受託責任を果たすための報告から広く一般に開示されることが求められるように変化してきたと述べている[35]。ここでは，「特定の者に対する情報伝達（「報告」）から，情報利用者の多様性を踏まえた不特定多数の者に対する情報（「公開」ないし「開示」）が求められる傾向が強くなってきている」[36]として，資源提供者（潜在的寄付者を含む）や，社会一般の意思決定にとって有用な情報を提供する目的が重要視されている[37]と述べている。

杉山・鈴木［2002］では，非営利組織の会計において，会計責任（アカウンタビリティ）概念の不在ないし不明瞭さがあるとし，その活動に関する情報開示が十分に行われていない場合があることを指摘している。また，日本公認会計士協会［2015］によれば，「資源提供者に代表される利害関係者の意思決定に有用な情報を提供することが目的となる点については，多くの支持を得た。一方，非営利組織の財務報告においては，非営利組織に提供された資源が，どのように利用されたかの説明責任を果たすことが重視されるべきであり，営利組織にも増して，提供された資源の利用に関する非営利組織のスチュワードシップとそれに基づく説明責任を重視した形で財務報告の枠組みが設計されるべきとの意見が多く示された」[38]としている。

このように非営利組織の情報開示については，種々の意見があることが理解できるが，非営利組織における情報開示は何のために行われるのか，そこから導出される報告（情報開示）は誰のために，どのような理由で行うべきかといった議論が必要となる。そこで，本書では非営利組織の情報開示について取り上げたい。ただし，非営利組織の情報開示はどのように行われるべきであるのかという検討課題はかなり広範な課題であることから，上記でみたように，もう1つの課題である発生主義会計という側面を取り上げつつ検討したい。

そこで，まず，情報開示における2つの代表的なアプローチ―アカウンタビリティ理論と意思決定有用性理論―とはどのようなアプローチであるのかにつ

いて，次節で整理・確認しておきたい。

3 非営利組織における情報開示アプローチ

　公益法人の主務官庁は内閣府であり，公益法人会計基準が存在している。社会福祉法人は厚生労働省が主務官庁であり，社会福祉法人会計基準，学校法人は文部科学省が主務官庁で，学校法人会計基準，医療法人は主務官庁が厚生労働省であり医療法人会計基準，NPO法人は地方自治体が主務官庁でありNPO法人会計基準が存在している。これら会計基準は徐々に改正され今日に至っているが，日本における非営利法人には多様な会計基準が存在しているという点については上記で述べたとおりである。そのため，求める情報開示書類[39]についても多様である。

　情報開示のアプローチとしては大きく2つのアプローチが存在している。1つは，受託者は委託者に対して報告を行う責任があるとするアプローチと，もう1つは，利害関係者の意思決定に有用な情報を提供するというアプローチである。前者はアカウンタビリティ概念を中心としており，後者は意思決定に有用な情報の提供を中心としている。前者をアカウンタビリティ理論，後者を意思決定有用性理論とする[40]。

3.1 アカウンタビリティ理論

　ここでは非営利組織のアカウンタビリティについて検討する。アカウンタビリティは，委託者が受託者に対して権限を委託することによって，両者の間に委託・受託関係が結ばれることから生じている。そのため，アカウンタビリティは，受託者が受託責任を負い，活動の結果を報告する責任であるといえる。このことから，アカウンタビリティのプロセスは課責（charge）―アカウンタビリティ（accountability）―免責（discharge）によって構成されるといえるが[41]，このアカウンタビリティは研究者によって定義が異なる規範的概念である。このため，これまでアカウンタビリティがどのように定義されてきたのかについて整理・検討するとともに，アカウンタビリティの定義を行う必要がある。アカウンタビリティ概念を検討する際に出発点となるのがKohler［1975］や井尻

[1976]の研究である。Kohler [1975] はアカウンタビリティの定義として広く使用されてきた[42]。これは Kohler [1975] のアカウンタビリティの定義が一般に捉えられているアカウンタビリティを端的に表しているからであると考えられる。そこで，本書でも一般的な定義として Kohler [1975] の定義を取り上げることとする。しかしここでは，アカウンタビリティの定義を述べているが，なぜアカウンタビリティが生じるのかという理由やその構成者については述べられていない。このため，この点を明確にするために井尻 [1976] を取り上げることとする[43]。

Kohler [1975] では，アカウンタビリティについて次のように定義している[44]。

> 1．従業員，代理人，またはその他の人が，委託された権限（authority）にしたがって行った行為または行わなかったことについて，多くの場合，定期的に十分な報告書を提出する義務。
> 2．【官庁会計】支払担当官が責任を負っている勘定または金額の名称。
> 3．貨幣，財産の単位，その他あらかじめ定められた基準で表わされた，他人に対する責任または負債の尺度。
> 4．会社の経営者，受託者，官吏，その他組織体の財務方針，または資源の預入れ，投資または処分を管理する人々に対して，法律，契約または規則によって課せられた健全な経営，管理，またはその他の業務を立証する義務，良い人間関係を維持し，一般の信用を得るために，責任ある立場の多くの人々は利害関係のある人々や一般大衆に対して，その業務活動を進んで説明すること。このような実務は，しばしば慣習法の効力を得るに至っている。

上記の諸定義の中で重要と考えられるのが定義1と定義4である。定義2に関しては「官庁会計」と示されており，官庁会計に限定して定義が行われている。ここではアカウンタビリティの一般的な定義を行うことを目的としていることから，定義の対象が限定されている定義2に関しては取り上げないこととする。また，定義3はアカウンタビリティの履行の際の尺度を示している。このため，残る定義1と定義4がアカウンタビリティの定義を行っているといえる。定義1では，権限を委託された者が，その権限上で行った行為あるいは行わなかった行為について，他人に対して報告する義務として，アカウンタビリティを定義している。ここでは，「委託された権限にしたがって」と述べてい

ることから，権限の委託が行われ，それを受託した者が権限内の行為について委託者に報告する責任であると述べている。

　今，仮に権限の委託者・受託者の両者が組織の内部者である場合を想定すれば，組織内部者である上司から部下へ上司の権限が委託された場合，部下は上司の代わりにその権限を権限の対象者に対して行使することができる。すなわち，上司と部下には上司の権限を部下へ委託することによる委託・受託関係が生じており，権限の受託者である部下は権限の委託者である上司に対してアカウンタビリティを履行しなければならない。

　一方，組織外部者から組織内部者である経営者の間に資源を委託したとしよう。このような場合，アカウンタビリティの構成者は資源の委託者と経営者である。この場合，資源の受託者である経営者は資源の委託者に対してアカウンタビリティの履行を行わなければならない。

　すなわち，委託者が受託者に対して権限の委託を行うことによって，その権限に基づいてアカウンタビリティの履行が行われるのである。このため，委託者が受託者へ委託する権限が何であるのかによって受託者が行使する権限の内容が異なってくるのである。上記の例でいえば，前者は上司が部下へ上司の地位に附属している権限を委託したのであり，後者は組織体の外部者が内部者（経営者）へ資源に附属している権限を委託したのである。すなわち，アカウンタビリティの履行は委託者から受託者へ課した権限に基づいて，報告内容が決定されるのであり，換言すれば委託者が受託者にどのような権限を委託したのかによって報告内容が異なっているといえる。

　アカウンタビリティの構成者については，Kohler［1975］では権限の委託・受託関係に基づいてアカウンタビリティが発生するという点を明確にし，その構成者についてはさまざまな人々を想定し，組織体内部者間での権限の委託であるのか，あるいは組織体外部者が組織体内部者に対して権限を委託しているのかについては明示していない。この委託者と受託者の関係について，井尻［1976］ではより明確に「もともと会計責任はそれを履行する義務を負う者とその履行による利益を享受する権利を持つ者との，ふたつの相対する関係から生じる」[45]と述べている。履行する責任を有する者と履行による利益を享受する権利を持つ者との間にアカウンタビリティがあると述べている[46]。すなわち，ここではアカウンタビリティの履行による利益を享受する者が権限を委託する

者であり，アカウンタビリティを履行する義務を負う者が権限を受託する者であると捉えることができる。

また，活動の基盤となる資源の中に自己の資源のみではなく，他者からの資源が存在していることをアカウンタビリティの根拠としてみなしている[47]。このことは，組織内部者と組織外部者の間に委託・受託関係があることを示しており，またその資源をどのように活用したのかについて，課された責任の範囲内での活動について報告を行う責任が受託者には存在することを示している。本書では，非営利組織の情報開示に関する研究を行うことを目的としていることから，後者の組織外部者から組織内部者への権限の委託・受託関係に基づいたアカウンタビリティを取り上げる。

そして，その委託者と受託者については次のように考えられる。宮本［2015］によれば，「非営利組織では，資金提供者である監督官庁や寄付者等に対して，正味財産の保全度合（拘束された資産が保全されているか），正味財産の増減（受け取った財産がどのように増減したか，または維持されたか），資金繰り状況（年度収支が赤字でないか）などにつき，情報開示して説明する責任がある」としている[48]。このことからも，非営利組織に資源あるいは何らかの権限を委託する者が委託者として考えられることから，寄付者をはじめ，会員や納税者，政府機関等が委託者として考えられる。また，受託者は非営利組織の理事者（あるいは運営者）であると考えられる。

3.2 意思決定有用性理論

意思決定有用性理論は，利害関係者の意思決定に有用な情報を開示するべきであるとする理論である。アメリカ会計学会（The American Accounting Association：以下AAAとする）が1966年に『基礎的会計理論（A Statement of Basic Accounting Theory）』（以下ASOBATとする）で提唱した[49]。ASOBATでは，会計を「情報の利用者が判断や意思決定を行うことができるように，経済的情報を識別し，測定し，伝達する過程である」[50]としている。このことは利益を目的とする営利組織会計のみならず[51]，個人，受託者，行政団体，慈善事業その他これに類似する経済単位の活動にも適用するとし，非営利組織にも同様に適用できる[52]。

意思決定に有用な情報は，証券市場の発展とともに求められるようになった。

営利組織は資金調達のために株式のみならず，多くの証券を発行するようになり，この証券市場の発展により，営利組織は現在の投資者だけでなく，潜在的な投資者の投資意思決定のために情報開示を行う必要性が生じてきた[53]。すなわち，不特定多数の投資家が営利組織に対する意思決定を行うための有力な判断資料として，財務諸表やその他の会計報告を利用したいという社会的要請が出てきたのである。投資家は営利組織の将来性を評価し，また投資証券から得られるであろう将来の利益を予測し，投資に対する意思決定を行うためにこれら情報を利用するのである[54]。

意思決定に有用であるという有用とは，利用者の観点から決められ，ある意思決定に適切な情報は，それを必要とする目的が明確にされて初めて決定されるのである[55]。この意思決定に有用な情報を提供することを財務報告の目的とする考え方は，日本公認会計士協会［2013］が採用している。また，ここでは，非営利組織には「成果の分配を目的とせず，将来の超過収益を源泉とする財務リターンを期待する資源提供者は存在しないため，財務報告において想定する情報利用者が異なる。本研究報告では，非営利組織における情報利用者として，受益者や地域社会までも含む広範な利害関係者を想定した中で，会計情報に特に関心を持つ情報利用者を，資源提供者及び債権者として定義した」[56]と述べているのである。

アカウンタビリティ理論と意思決定有用性理論の関係について，國部［1999b］では，アカウンタビリティ理論は情報を開示すること自体を問題にしているのに対し，意思決定有用性理論は開示される情報の質を問題にしていると述べている。ただし，これらの理論はまったく別のものではなく，両者においてかなりの部分でオーバーラップすることがあるとも述べている[57]。

4 本書の構成

第1章では，日本における非営利組織の会計（情報開示）制度と現状および英国におけるそれらについて明らかにし，本書で英国の非営利組織会計（チャリティ会計）を取り上げるべき理由を明示している。

第2章では，チャリティ会計における特徴とそれを構成する基礎概念につい

て取り上げている。具体的な内容として,「真実かつ公正な概観（True and Fair View：以下 TFV とする）」,会計基準設定主体,一般に認められた会計原則（Generally Accepted Accounting Practice：以下 UK GAAP とする）[58],発生主義会計について検討している。とくにここでは非営利組織における発生主義会計について営利組織とは異なる観点が必要であることを明らかにしている。

第3章では,チャリティ会計を規制しているチャリティ法とその規制団体であるチャリティ委員会について取り上げている。英国はチャリティを対象とした法律が存在していることにその特徴があるが,チャリティ法はチャリティ会計にどのような影響を及ぼし,その規制団体であるチャリティ委員会はどのような団体かについて整理している。

続く第4章では,チャリティ会計の実務指針である会計実務勧告書（Statement of Recommended Practice：以下 SORP とする）がどのように構築されたのかについて検討している。SORP は,財務報告評議会（Financial Reporting Council：以下 FRC とする）が取り組んでいない特定の産業,セクターあるいは領域で普及している特定の要件や従事される取引について会計基準および法規制の要件を補完する役割を担うものである[59]。チャリティに関する SORP はチャリティに特有の会計を取り扱っているものである。そのため,本書ではこの SORP を中心として検討を行っている。本章では SORP はどのような考え方を基本として構成されているのかについて明らかにするために SORP 公表以前の研究報告書を中心として,SORP 公表以前のチャリティ会計の現状とそこで採用されている考え方を示すことを目的としている。

第5章では,最初に制定された1988年の SORP とその後改訂された SORP を取り上げている。SORP が改訂されたのは1995年,2000年,2005年,2015年である。これらの SORP のうち最初の SORP である1988年から2005年の4つを取り上げ,それぞれの特徴とその変遷を明らかにしている。

そして第6章では,前章で取り上げた SORP のうち,現行の SORP の起点となる SORP1995の財務諸表を取り上げ,チャリティ会計における財務諸表の確立について検討している。SORP1995以前の SORP には営利組織会計の考え方が主に採用されていた。しかし,SORP1995への改正でそれまでの営利組織会計からチャリティ固有の会計への変更が行われたのである。具体的には,資金計算書がキャッシュ・フロー計算書へと変更になり,また収支計算書

(Income and Expenditure Account)⁶⁰が財務活動計算書（Statement of Financial Activities：以下 SOFA とする）へと変更になった。そのため，ここではそれぞれの計算書について取り上げ，チャリティ固有の会計の確立にどのような役割を果たしたのかを検討している。

第7章では，現在のチャリティ会計として「財務報告基準（Financial Reporting Standards：以下 FRSs とする）」の1つである第102号「英国およびアイルランド共和国に適用可能な財務報告基準」（以下 FRS102とする）を基礎とした2015年の SORP『英国及びアイルランド共和国に適用可能な財務報告基準と一致した財務諸表を作成するチャリティに適用可能な実務勧告書（*Statement of Recommended Practice applicable to charities preparing their accounts in accordance with the Financial Reporting Standard applicable in the UK and Republic of Ireland (FRS 102)*)』（以下 FRS102SORP とする）⁶¹について取り上げ，現在の英国チャリティ会計の特徴について明らかにしている。ここでは財務諸表，ファンド会計，ナラティヴ（記述）情報を取り上げているが，アカウンタビリティの履行のためといわれているファンド会計は一般に資源提供者による拘束性⁶²と考えられている。しかし，SORP では資源提供者の拘束性だけでなく理事者の拘束性をも含意したものであり，その点を本章で明らかにしている。すなわち本章ではこのような資源提供者と理事者の二者の拘束性という特徴を持つことから，チャリティ会計はアカウンタビリティの履行だけでなく，広範な利害関係者（stakeholders）の情報ニーズ（意思決定有用性）を満たす可能性があることを明らかにしている。

終章では，日本の非営利組織の発生主義会計における財務報告（情報開示）のあり方について検討している。前章までで検討してきたチャリティ会計では，1988年に公表された最初のSORPから一貫して推奨しているのが，アカウンタビリティの履行，ファンド会計と発生主義会計である。そこに最新のSORPである FRS102SORP では非営利組織会計の理事者の年次報告書の目的として意思決定に有用な情報の提供が含められた。そこで本章では，これらの特徴を踏まえ，日本の非営利組織会計の現行制度を検討する。ただし，チャリティ会計では発生主義会計については営利組織の発生主義会計を導入しているが，本章では第2章で検討した非営利組織における発生主義会計における財務報告（情報開示）について検討している。

序章　本書の問題意識と構成　15

●注
1　ここでいう「寄附（金）」とは支出する側に任意性があり，直接の反対給付のない経済的利益の供与をいう（内閣府国民生活局［2004］9頁）。内閣府国民生活局［2004］では「寄附金」と使用しているが，この性質は本書で使用してきた「寄付金」と同じ意味である。このことから以下，「寄附金」あるいは「寄附」については「寄付金」あるいは「寄付」という用語に統一する。ただし，引用についてはこの限りではない。

　　また，チャリティの資源は寄付以外のものも含まれるので，その場合は寄付金等としている。

2　米国の財務会計基準審議会（Financial Accounting Standards Board：以下FASBとする）によれば，非営利組織とは，提供した資源に比例する返済または経済的便益の受領を期待しない資源提供者から資源の提供を受けること，営利を目的とした活動を行わないこと，利益の配分を行わないことなどの特徴を持った組織をいうとしている（FASB［1980］para. 6（平松・広瀬訳［2002］160頁））。本書でも当該定義に従っている。また本書でいう非営利法人は非営利組織の範囲の一部である。

3　また，非営利組織には，国や地方自治体などの政府機関を含む場合もあるが，本書でいう非営利組織とは政府機関を含まない非営利組織を指している。

4　桜井［2018］2頁；藤井［2017a］9頁。

5　NPO（民間非営利組織）ワーキング・グループ報告書ホームページより（「内閣府NPO（民間非営利組織）ワーキング・グループ報告書」http://www5.cao.go.jp/98/e/19980513e-keishinnpo.html，2016年6月28日アクセス）。

　　当該ワーキング・グループは，内閣府経済審議会経済主体役割部会のワーキング・グループである。

6　NPO（民間非営利組織）ワーキング・グループ報告書ホームページより（「内閣府NPO（民間非営利組織）ワーキング・グループ報告書」http://www5.cao.go.jp/98/e/19980513e-keishinnpo.html，2018年6月28日アクセス）。

7　NPO（民間非営利組織）ワーキング・グループ報告書ホームページより（「内閣府NPO（民間非営利組織）ワーキング・グループ報告書」http://www5.cao.go.jp/98/e/19980513e-keishinnpo.html，2018年6月28日アクセス）。

8　レスターMサラモンによれば，非営利組織の存在意義として次の5つを挙げている。⑴歴史的経緯，⑵市場の失敗，⑶政府の失敗，⑷多元的な価値と自由，⑸連帯である（Salamon［1992］pp. 7-10（入山訳［1994］23-28頁））。

9　須藤・令光［2011］466頁。

10　岡村［1999］では「情報公開」と「情報開示」という語について次のように述べている。「情報公開」はパブリック・セクターで多く使用され，「情報開示」はプライベートセクターで多く利用されていることが多い。どちらも「ディスクロージャー（disclosure）」の訳語であり，それは「ある経済主体の経営（業務）内容の開示（公開）」という意味で使われてきたとしている（岡村［1999］249頁）。

　　本書でも両者の意味について，とくに区別せず，「情報公開」と「情報開示」とは同義語として扱うこととする。

11　日本公認会計士協会［2013］i頁。

12 説明責任あるいは会計責任は一般にアカウンタビリティの訳語であるといわれていることから，本書ではアカウンタビリティという用語を主に使用している。ただし，引用についてはこの限りではない。
13 日本公認会計士協会［2013］ⅰ頁。
14 黒木［2013］156-159頁。
15 詳しくは黒木［2013］を参照されたい。
16 藤井［1998］16頁。
17 長谷川［2012］111頁。
　長谷川［2012］が「1つの非営利法人に，本来，異なる法人形態に適用されるべき2つの会計基準が適用されるという事態が生じている」（長谷川［2012］112頁）としている。たとえば，認定こども園である幼保連携施設を構成する幼稚園を設置する社会福祉法人は，社会福祉法人会計基準および学校法人会計基準による二重の会計処理が求められた。種々の会計基準の適用により同じ事業内容に異なる会計基準が適用されれば異なる会計情報が提供され，非営利会計に関する理解可能性や比較可能性，さらに有用性や表現の忠実性に重大な問題が生じている（長谷川［2012］111頁）としている。
18 須藤・谷光［2011］466頁。
19 橋本［2007］37頁。
20 日本公認会計士協会　近畿会［2000］5-6頁。
21 日本公認会計士協会［2008］2頁。
22 日本公認会計士協会［2013］ⅰ頁。
23 日本公認会計士協会［2013］では，その後，2014年に非営利組織の財務報告の在り方に関する論点が整理され，個別論点が公表された。個別論点として①財務諸表の体系と各表の意義，②発生主義，③収益における実現主義，④純資産の拘束性と拘束別に区分した活動計算の考え方，⑤サービス提供の成果と報告，⑥固定資産の減損，⑦金融商品，⑧リース取引，⑨退職給付，⑩税効果を挙げているが，このうち①から⑤までを検討対象とする論点として定めている。しかし，現在は③に関する論点整理が2016年に研究報告が出され，検討対象としないとしていた⑥が2017年5月12日に公開草案が公表されている。
24 長谷川［2012］122-123頁。
25 齋藤［2011］6-7頁。
26 齋藤［2011］7頁。
27 齋藤［2011］7頁。
28 収益と費用を対応させるという点からは次にその差額が何を意味するのかについての議論に繋がっていく。営利組織会計では，収益と費用を対応させその差額である利益（あるいは損失）が活動の結果を表し，業績評価が行われるが，非営利組織ではその差額は活動の結果を表しているわけではない。非営利組織の業績評価については会田［1998］；［2002］や，木下［1995］，藤井［2008a］，兵頭［2006］でも検討している。木下［1995］によれば，「政府・非営利企業の業績評価問題は，―（中略）―企業の社会的業績の評価という問題と平行して重要な課題となっている」（木下［1995］80頁）と述べている。藤井［2008a］では非営利組織の業績評価を検討し，そこで米国の「サービス提供の努力と成果に関する報告」について取り上げている。また，兵頭［2006］においてもNPO法人にア

ンケート調査を行うことで，NPO 法人と FASB が考える業績評価情報の重要性について乖離が生じていることを明らかにしている。
29 齋藤［2011］7 頁。
30 日本公認会計士協会［2008］2 頁。
31 日本公認会計士協会［2008］2 頁。
32 日本公認会計士協会［2013］39頁。
33 金子［2016］206頁。
34 長谷川［2012］122頁。
　　これに対し，営利組織の財務会計情報の目的は「企業の利害関係者のとりわけ投資家の意思決定に有用な情報の提供として共通の理解が得られている」（長谷川［2012］122頁）としている。
35 財源が政府からの補助金に依存している場合は，主務官庁の監督目的が強調されるが，他の財源に依存する場合にはさまざまな財源に対応する目的が重要視される。たとえば，その財源を提供する寄付者に対し，受託責任を果たすための報告が求められ，潜在的な寄付者をその財源に含めるのであれば，情報は一般に開示されることが必要であろうとしている。さらにサービス受益者にはその利用料を支払うことから，利用料等と受領するサービスとの妥当性を判断できる情報を，債権者は回収可能性を判断できる情報を必要とする（齋藤［2011］4-5頁）。
36 齋藤［2011］6 頁。
37 齋藤［2011］6 頁。
38 日本公認会計士協会［2015］13頁。
39 非営利組織は財務諸表のみで活動を表すことはできないと考えるので，非財務情報も含めて検討を行う予定である。そのため，財務報告（財務諸表）も含み情報開示あるいは情報開示書類という文言を使用している。とくに財務諸表を表す場合はそのように表記を行う。
40 井尻［1976］によれば，前者は意思決定説，後者は会計責任説としている（井尻［1976］i 頁）。しかし，本書ではアカウンタビリティを会計責任のみとして捉えるわけではないことから，國部［1999b］にしたがって意思決定有用性理論とアカウンタビリティ理論とする。
41 古庄［1997］では，アカウンタビリティは，課責（charge）―応答責任（responsibility）―説明責任（広義のアカウンタビリティ）―免責（discharge）のプロセスの中に位置づけられるとしている（古庄［1997］66頁）。しかし，ここでは応答責任とはどのような責任であるのかについては述べられていない。この responsibility については，Oxford English Dictionary（以下 OED とする）を引けば，accountability のところでも responsibility が記載されており，その意味は「義務あるいは行動について説明する，あるいは答える責任」となっており，discharge という用語も使用されている（Simpson and Weiner［1989a］p. 87）。responsibility をこのまま解釈するならば，これはアカウンタビリティとほぼ同じであると考えられる。このため，本書では課責（charge）―アカウンタビリティ（accountability）―免責（discharge）というプロセスをアカウンタビリティのプロセスとする。

42 Kohler［1975］については，佐橋［1980］22頁；松尾［1977］35頁；吉田［1975b］52頁；米田［1978］394頁を参照されたい。
43 また井尻［1976］については，近藤［1976］27-33頁；中田［1977］270-271頁；山地［1999］34-37頁を参照されたい。
44 Kohler［1975］p. 6（染谷訳［1989］6頁）。
45 井尻［1976］i頁。
46 井尻［1976］では，会計行為の実施者を会計責任の履行者，会計責任の受益者，会計責任の報告者としての会計人の三者としている（井尻［1976］i頁）。
47 井尻［1976］48頁。
　　また，吉田［1982］では，「引受という行為が事実として存在する限り，責任が発生するものと理解すべきであろう」と述べている（吉田［1982］111頁）。
48 宮本［2015］3頁。
49 Cf. AAA［1966］（飯野訳［1969］）。
50 AAA［1966］p. 1（飯野訳［1969］2頁）。
　　なお，訳出に関してはそのまま引用していない場合がある。これは以下，同訳出においても他の訳出の場合においても同様とする。
51 営利組織とは利益の追及を目的とする組織体という意味で，非営利組織と区別している。もちろん，営利組織においては利益追求のみではなく，他の目的，たとえば，社会貢献も営利組織の活動の1つとして認識する場合もある。しかし，営利組織が一般に利益指標で評価されることから，本研究では営利組織の基本的な目的は利益追求であるとする。
52 AAA［1966］p. 2（飯野訳［1969］2-3頁）。
53 武田［1995］39頁。
54 FASB［1978］para. 34（平松・広瀬訳［2002］26頁）；久保田［1972］53-54頁。
55 AAA［1966］pp. 3-4（飯野訳［1969］4-6頁）。
56 日本公認会計士協会［2013］ii頁。
57 國部［1999b］140-141頁。
58 この「Generally Accepted Accounting Practice」については「一般に認められた会計実務」と訳される場合もあるが，本書では「一般に認められた会計原則」と訳している。
59 FRCが取り組んでいない特定の産業，セクターあるいは領域とは次のものがある。チャリティ，大学等を含む継続・高等教育機関（Further and Higher Education），公営住宅の登録提供者（Registered providers of social housing），認可ファンド（Authorized funds），投資信託会社およびベンチャー・キャピタル投資（Investment trust companies and venture capital trusts），リミテッド・ライアビリティ・パートナーシップ（Limited liability partnerships），年金基金（Pension schemes）などである。
　　これら特定の産業，セクター，領域の財務報告，監査実務および会計実務を考慮し，SORPはそれぞれのSORP発行主体（SORP—making bodies）が存在し，FRCによって承認されている（FRC［2016］p. 3）。本書では複数のSORPを表すときには「SORPs」と表記し，単体で表すときには「SORP」とする。
　　また，本書で取り上げるSORPは小規模向けのSORPではない。最新のものである2014年に公表されたSORPでは，小規模団体を対象としたSORP（Financial Reporting

Standard for Smaller Entities：FRSSE SORP）と大規模チャリティおよび小規模チャリティの選択者を対象としたSORP（FRS102SORP）の2つが公表されたが，本書では後者を取り上げている。

60 収支計算書（Income and Expenditure Account）は，チャリティに入手可能な資源（resources）と費消された費用（expenditure）を示している（SORP1988, para. 24(a)）。

このIncome and Expenditure Accountの訳出は，「損益計算書」，「収支計算書」などの訳語があるが，本書では古庄［2002］および上原［2010a］で訳出している「収支計算書」とする。また，「receipts and payments accounts」については「現金収支計算書」と訳出している。

61 当該SORPについてはFRSを取り入れたことを示すことから，FRS102SORPとする。

62 本書では寄付金等に関する資源提供者（たとえば寄付者）等の使途指定については「拘束」としているが，引用の場合はそのまま引用している。一般に「拘束」は「制約」，「指定」などさまざまな用語が使用されているがいずれもほぼ同じ意味である。

また，資源提供者についても，引用等の場合には寄付者（等）としている場合がある。資源提供者の代表的な存在は寄付者であることから，本書では資源提供者と寄付者についての明確な区別は行っていない。

第1章

日本と英国における非営利組織会計の現状と課題

1 はじめに

　本章では，現在，日本の非営利組織会計に存在している課題について明らかにするために，日本の5つの非営利法人―公益法人，医療法人，学校法人，社会福祉法人，NPO法人―の制度と会計基準の現状について取り上げている。

　次に，英国の非営利組織はどのような存在であり，どのような会計制度となっているのかについて概観している。英国は日本より非営利組織会計の研究が早くから始まり，その制度としての確立も日本より早くから行われている。このことは，英国の非営利組織会計やその制度を参考にしながら，その制度や会計を改正している日本の非営利法人があることからも理解できる。たとえば，公益法人では英国の非営利組織（チャリティ）制度を一部参照し，NPO法人会計では米国や英国の非営利組織会計を主に参考にしている。そのため本章では英国の非営利組織会計がどのような現状なのかについて明らかにし，英国の非営利組織（チャリティ）会計を本書で取り上げる意義を明示している。

2 日本の非営利組織会計の制度と現状

2.1 公益法人会計

　公益法人は旧民法第34条に基づき設立される社団法人または財団法人であった。しかし，法人の設立が簡便ではない，公益性の判断基準が不明確である，経理が適正でない法人が存在するなどの問題点が存在していた[1]。そのため，公益法人制度の改正が行われ2006年に公益法人制度改革関連三法が成立し，新公益法人制度が施行された。

　公益法人会計では，1977年に最初の公益法人会計基準が公表された。これは1971年の「公益法人の指導監督に関する行政監査の結果に基づく勧告」を契機としたものであった。この1971年の会計基準では収支計算を中心とした主務官庁の指導監督に役立つ財務諸表が求められたのである[2]。その後，1971年の会計基準は1985に改正され，正味財産増減計算書にストック式とフロー式[3]の選択適用が認められた。この1985年の公益法人会計基準においても収支予算管理を目的とする収支計算書の作成が求められ，指導監督を意識したものといえる[4]。

　その後，公益法人会計基準は，2004（平成16）年に改正が行われた。2004年の改正では，法人の内部管理重視の会計から資源提供者等の社会一般の人々に向けた外部報告を重視する考え方へ移行し，開示情報の充実がその中核となっている。公益法人会計におけるこのような変遷は，予算準拠から外部報告を重視する考え方へ移行してきたことを示している[5]。

　2004年の改正の特徴は，財務諸表の体系を資金収支計算から正味財産増減計算の中心へと移行し，収支予算書や計算書については会計基準では取り扱わない旨が記されている点である。さらに正味財産についてはフロー式への統一，指定正味財産と一般正味財産に区分する方式が採用され，資源提供者からの使途指定についての制限を明確にするとともに基本財産と切り離された概念が導入された[6]。また，多くの企業会計と調整が行われ，減価償却や退職給付引当金の計上などの発生主義の適用，時価評価の考え方の導入などが行われている。財務諸表については，従来の収支計算書，正味財産増減計算書，貸借対照表，

財産目録の体系から，貸借対照表，正味財産増減計算書，キャッシュ・フロー計算書（大規模法人），財産目録の体系へと変更されるとともに，注記情報の充実などディスクロージャーの拡充も行われた。

　2008年の改正では，公益法人制度の新監督機関として公益認定委員会等が設置されるといった変更もあったが，基本的な考え方は2004年のものを受け継いでおり，新たな変更点は，公益法人の範囲，財産目録の作成，キャッシュ・フロー計算書の作成，附属明細書の作成，会計区分の設定などがある。

　このような2004年，2008年の改正では，財務報告の目的を予算準拠主義から外部報告（ディスクロージャー）を重視する考え方へと重点が変更され，利用者の意思決定有用性のための財務報告が行われることが推奨されるようになり，インターネットによる情報開示を奨励している。そして，2008年の基準に対応するものとして公益法人会計基準に関する実務指針が，日本公認会計士協会から公表されたのである[7]。その内容は，過年度遡及会計基準，金融商品の状況に関する事項の注記，資産除去債務に関する会計基準，賃貸等不動産の時価等の開示に関する会計基準などが加えられた。

　また2015年に「公益法人の会計に関する諸課題の検討状況について」，2018年に『平成29年度　公益法人の会計に関する諸課題の検討結果について（案）』が内閣府公益認定等委員会・公益法人の会計に関する研究会の報告書が公表された。さらに，2016年に日本公認会計士協会から非営利法人委員会実務指針第38号「公益法人会計基準に関する実務指針」が公表されている。このように，公益法人会計については繰り返し検討が行われているが，現在の会計基準としては上記でみた2008年に改正された会計基準が採用されている。

2.2　医療法人会計

　医療法人とは，医療法によれば「病院，医師若しくは歯科医師が常時勤務する診療所又は介護老人保健施設を開設しようとする社団または財団は，この法律の規定により，これを法人とすることができる」[8]としている。この医療法は，現在，第8次医療法改正が2017年に行われた。その改正では「安全で適切な医療提供の確保を推進するため，検体検査の制度の確保，特定機能病院の管理及び運営に関する体制の強化，医療に関する広告規制の見直し，持分の定めのない医療法人への移行計画認定制度の延長等の措置を講ずること」[9]が中心となっ

ている。

　医療法人の会計については，病院における会計実務のための基準として1965年に病院会計準則が制定された[10]。病院会計準則は1983年に改正されたが，当時までの医療法人の主たる業務は診療所の開設であったことから病院の会計に関する準則で十分であった[11]。しかし，その後，病院経営をめぐる環境の変化—施設機能の類型化，医療機関の体制整備に関する情報提供の推進や，企業会計原則の改正，他の非営利法人の会計基準改正など—により，効率的で透明な医業経営の確立を目指すことが必要となり，2004年に病院会計準則の改正がさらに行われたのである[12]。

　この2004年の病院会計準則の改正の際に，その性格について，厚生労働省の「病院会計準則の見直しについての調査」によれば，「非営利性，公益性を前提とする非営利組織会計の基準であること，病院という施設に関する会計基準であること，異なる開設主体のすべてに適用され，開設主体間の比較可能性を確保する会計基準であること及び制定当初から企業会計方式を採用した会計基準であること，を基本的認識とした」[13]としている。そして，病院会計準則の目的は，「すべての病院を対象に，会計の基準を定め，病院の財政状態及び運営状況を適正に把握し，病院の経営体質の強化，改善向上に資することを目的とする」[14]と定められているのである。

　改正の主たる内容は財務諸表体系の見直しであり，施設の会計における資金の状況を正確に把握する必要性からキャッシュ・フロー計算書が財務諸表の体系の１つとして位置づけられた。それ以外に貸借対照表，損益計算書，附属明細表を財務諸表として作成することを定めている[15]。また，企業会計等の改革を鑑みて，リース会計，研究開発費会計，退職給付会計等を導入した。これによって，財務諸表を通じて病院経営の実態をより適切に把握できるとともに，重要な会計方針をはじめ必要な脚注等を充実させ，利用者の理解を深めることを意図したのである[16]。

　現在，医療法人の事業内容が多様化することによって，これまでの病院会計準則では医療法人全体の経営内容を表示することができなくなってきた。医療法人の財政状態および運営状況を適正に把握するためには法人全体の経営内容の表示が必要であり，そのことから医療法人会計基準が必要となった[17]。

　この医療法人会計基準の目的は，医療法人が運営を予定しているさまざまな

施設に適用される会計基準—「病院会計準則」,「介護老人保健施設会計・経理準則」,「指定老人訪問看護の事業及び指定訪問看護の事業の会計・経理準則」—に整合したものであり,医療法人全体の財政状態および運営状況を明らかにすることである。このことにより作成される財務諸表は,医療法人間の財政状態および運営状況の比較を可能とすることになった[18]。

また,医療法人の制度については,2006年に第5次医療法改正が行われ,会計について整備が行われた。医療法第50条の2によれば「医療法人の会計は一般に公正妥当と認められる会計の慣行に従うものとする」[19]という会計慣行の斟酌規定が制定され,医療法第51条第1項に「医療法人は,毎会計年度終了後二月以内に,事業報告書,財産目録,貸借対照表,損益計算書その他厚生労働省令で定める書類(以下事業報告書等という。)を作成しなければならない」[20]とされた。このうち,「事業報告書は,その中心は非会計情報であるため,本基準の直接の対象とはしていない」[21]としている。

医療法第52条により,上記決算に関する書類は,都道府県への届出を経て,原則として一般の閲覧に供されることとなった。さらに決算届出に関する書類の様式が,上記の通り公開情報となる点を考慮して,従来よりも簡素なものに改められた[22]。

2.3　学校法人会計

1949年に私立学校法が制定された。私立学校法はその目的を「私立学校の特性にかんがみ,この自主性を重んじ,公共性を高めることによって,私立学校の健全な発達を図ること」[23]と定めている。私立学校法は2014年に一部が改正され,その改正の概要は(1)学校法人が法令の規定に違反したとき等に所轄庁が必要な措置を取るべきことを命ずることができる,(2)学校法人が措置命令に従わないときは役員の解任を勧告することができる,(3)措置命令や役員の解任勧告を行う場合には,所轄庁は,あらかじめ私立学校審議会等の意見をきかなければならないとしていることである[24]。

学校法人会計基準は1971年に制定された。当該基準は「文部大臣の定める基準」として,補助金の適正な交付を目的として設定され,当時の学校法人会計に統一的な会計基準となった[25]。学校法人では,消費支出額(消費支出は消費する資産の取得価額および用役の対価に基づいて計算)と消費収入額(当該会計年度

の帰属収入（学校法人の負債とならない収入）を計算）との差額，あるいは均衡を法人の維持の測定と位置づけ，企業会計における損益計算思考を敷衍した形で消費収支計算の導入を意図したのである。しかし，消費収支差額の測定に主たる目的がなく，企業会計のように収益と費用の個別・直接的な因果関係もないという点に注意が必要である[26]。

また，学校法人会計の特徴として，国や地方自治体からの補助金に対する指導監督目的のために行われている点[27]，公益性が高いということから内部統制制度の確立の必要性が営利組織よりも強く求められるという点がある。前者においては，予算と決算の対比形式で表示され，事業計画はすべて予算化されることから予算制度が整備されている。後者は，公益性ゆえに自らを律し公正かつ有用に運営しなければならないとする考え方である[28]。そのため，会計基準は法人の内部管理目的のために使用されることに主眼がおかれている[29]。そして，国庫補助金の交付を受ける学校法人は私立学校振興助成法[30]に基づき学校法人会計基準の適用を受ける。作成される財務諸表は，資金収支計算書（資金収支内訳表，人件費支出内訳表），消費収支計算書（消費収支内訳表），貸借対照表（固定資産明細表，借入金明細表，基本金明細表）である。多くの学校法人が国庫補助金の交付を受けているため，「学校法人会計基準」が経理基準となっている[31]。

その後，学校法人会計基準は2015年に改正された。その背景には，社会・経済状況の変化，少子化などの私立学校を取り巻く経営環境の悪化，世界的に進む会計のグローバル化等による企業会計の改正や，国立大学の法人化とそれに伴う会計基準の制定およびその後の改正，公益法人等の会計基準の改正などがある。そこでは，社会によりわかりやすく説明できる仕組みの充実や，経営判断に一層資するものとすることが求められている[32]とし，改正の検討が行われたのである。その検討は，次のように進められた。

2008年3月より有識者による「学校法人会計基準の諸課題に関する検討会」が設置され，学校法人会計基準の特徴と課題等の論点整理が行われ，2012年3月に報告書がまとめられた。そして，その報告書に示された論点整理を基に，具体的な学校法人会計基準の在り方について検討を行うため，「学校法人会計基準の在り方に関する検討会」が2012年8月に発足した。2013年までの8回の会議における議論を踏まえて，報告書がまとめられた。これが，『学校法人会

計基準の在り方について』であり2013年に公表された。当該報告書の構成によれば，基本金，資金収支計算書，消費収支計算書，貸借対照表，その他の論点が改正内容として挙げられている[33]。そして学校法人会計基準は当該報告書に基づいて改正が行われたのである。

　この改正は，2015年4月1日から施行となり，そこでは，私立学校の特性を踏まえ，その財政基盤の安定を図るしくみ（基本金制度）や，私学助成を受ける学校法人が適正な会計処理を行うための統一的な会計処理の基準（資金収支計算書等）については，これまでの考え方を維持している。今回の改正で新たに加えられた点は，学校法人の作成する財務諸表等の内容がより一般にわかりやすく，社会から一層求められている説明責任を的確に果たすことができるものとする，学校法人の適切な経営判断に一層資するものとするという点である[34]。

　この2015年の新会計基準では，財務諸表の資金収支計算書，消費収支計算書，貸借対照表のうち，消費収支計算書が事業活動収支計算書へと変更になった。また資金収支計算書の内訳表に活動区分資金収支計算書が加えられた。資金収支計算書は，当該会計年度の諸活動に対応するすべての収入および支出の内容並びに支払資金（現金預金）の収入および支出のてん末を明らかにするものであり，活動区分資金収支計算書の目的は資金収支計算書の決算額を3つの活動区分ごとに区分し，活動ごとの資金の流れを明らかにする。これは企業会計でいえばキャッシュ・フロー計算書に相当する。

　また，消費収支計算書が事業活動収支計算書に変更されたが，この計算書の目的は当該会計年度の活動に対応する事業活動収入および事業活動支出の内容および基本金組入後の均衡の状態を明らかにすることであり，そのため区分経理が導入されている。当該計算書の目的は，以前の消費収支計算書の目的と大きな変更はない。これは企業会計でいえば損益計算書に相当するが，学校法人は営利目的ではなく，収支均衡を目的とするとしている。また，貸借対照表の目的は当該会計年度末の財政状態（運用形態と調達源泉）を明らかにすることである[35]。

2.4　社会福祉法人会計

　社会福祉法人とは，社会福祉法によって「社会福祉事業を行うことを目的と

して，この法律の定めるところにより設立された法人をいう」[36]と定義されている。2016年に社会福祉法が改正され，社会福祉法人制度の改革が行われた。その主たる内容は，(1)組織経営のガバナンスの強化，(2)事業運営の透明性の向上，(3)財務規律の強化，(4)地域における公益的な取組を実施する責務，(5)行政の関与の在り方である[37]。

1950年前後は行政の役割を果たす傾向の強い社会福祉法人であったが，バブルの崩壊，少子高齢化が到来する社会に至って社会福祉に対する注目が高まり，その構造改革が唱えられるようになった[38]。少子・高齢化の時代となり，介護保険制度が導入され，従来の行政から民間による福祉経営が行われる時代となった。それに伴い，福祉サービスをそのサービス受益者が選択する時代へと変わってきたのである。それはつまり，社会福祉法人はサービス受益者の立場に立った社会福祉サービスを提供する必要があり，そのためには社会福祉法人は効率性を求められるようになった[39]。このような背景の中，社会福祉法人の会計については，厚生労働省が当該法人の経営基盤の充実と情報開示のために2000年2月に「社会福祉法人会計基準」を公表した。

2000年の社会福祉法人会計基準は，原則としてすべての社会福祉法人を適用対象とし，法人全体の財産と経営状況の適切な把握を主な目的としている。その計算書類（2011年の社会福祉会計基準では「財務諸表」と改められる）は資金収支計算書，事業活動収支計算書，貸借対照表，財産目録の4つであるとし，それ以外に附属明細書の作成を求めている。会計単位は原則として法人全体を1つの単位としているが，定款に記載された事業ごとに経理区分を設定している[40]。そして，その特徴の1つとして事業活動収支計算書の作成のための損益計算の採用や，減価償却制度の導入などが挙げられる[41]。そして2011年に社会福祉法人の会計基準が改正された。この2011年の社会福祉法人会計基準の作成する背景について，厚生労働省雇用均等・児童家庭局他［2009］によれば次のように述べている。

これまでは「指定介護老人福祉施設等会計処理等取扱指導指針」や「介護老人保健施設会計・経理準則」などの会計ルールが存在しており，事務処理の煩雑さや計算処理結果の相違などの問題点が存在していた。また，資源に公的資金や寄付金等の受入れがあることから，経営実態について国民や資源提供者等に説明する責任や事業の効率性に関する情報の充実などが求められていた。こ

れらのことから会計処理基準の一元化が図られた[42]。

　2011年の社会福祉法人会計基準の基本的な考え方として，①社会福祉法人が行うすべての事業（社会福祉事業，公益事業，収益事業）を適用対象とすること，②法人全体の財務状況を明らかにし，経営分析が可能なものとすること，③外部への情報公開も勘案すること，④既存の社会福祉法人会計や公益法人会計（2008年），企業会計原則等を参考として作成することといった点があげられた[43]。

　そして，この2011年の社会福祉法人会計基準では，財務諸表として，資金収支計算書，事業活動計算書，貸借対照表の作成が求められた。財産目録の作成も求められ，さらに事業活動計算書や貸借対照表を補足する書類として附属明細書の作成を求めている。附属明細書は，現行の多岐に渡る別表や明細表を統一して必要最小限の附属明細書として整理するとして，財務諸表の簡素化が行われた[44]。

2.5　NPO法人会計

　NPO法人は，1995年の阪神・淡路大震災を契機として1998年に特定非営利活動促進法（以下，NPO法とする）が施行され，それに基づいて法人の設立が認められるようになった非営利法人である。NPO法人の数は増加し，現在では認証されている法人数は51,768法人[45]であるが，情報開示に係る会計基準は，当時存在していなかった。NPO法人の会計基準は2010年に策定され，2011年と2017年に一部改正が行われた。

　会計基準が策定される以前は，NPO法人が独自に計算書類の作成を行っていた。実務上では，1999年に経済企画庁（現：内閣府）が作成した『特定非営利活動法人の会計の手引き』（以下「手引き」とする）が参照され計算書類が作成されていた。この「手引き」は，1取引2仕訳を採用しており，当時の公益法人会計に類似している内容であった。また，内閣府だけでなく，1998年のNPO法の制定以前から，アカウンタビリティを果たすために共通の会計基準の必要性が認識され，会計指針等の検討が行われてきた[46]。

　NPO法人には会計基準が存在していないため，①計算書類が正確に作成されていない，②記載内容に不備がある，③会計処理が統一化されていないことから他の法人との比較が困難などの問題点がある[47]，と国民生活審議会総合企

画部会NPO法人制度検討委員会では，国民生活審議会総合企画部会報告書『特定非営利活動法人制度の見直しに向けて』（2007年に公表）の中で指摘した。そして，会計基準の策定主体について所轄庁の作成は指導的効果を持つ恐れがあることから民間の自主的な取組みに任せるべきとの立場を表明している[48]。

　これを受けて，全国18のNPO支援組織がNPO法人会計基準協議会を発足させ，NPO法人会計基準の策定作業が2009年から開始された[49]。そして，2011年に「特定非営利活動法人の会計の明確化に関する研究会」が2011年5月から同年11月まで，12回にわたり開催され，その報告書『特定非営利活動法人の会計の明確化に関する研究会報告書』（以下「報告書」とする）が2011年に公表された。

　「報告書」によれば，NPO法人の会計は，「法人の経済活動とそれに関連する事象を貨幣的に測定し，その結果を計算書類等の手段によって，法人に関心を有する人々（会員，寄付者，法人役職員，所轄庁など）の意思決定を支援することを目的としている」[50]としている。また，「会計情報は，①会員や寄付者が法人に対して会費，活動や寄付を提供する際に法人の活動や財務の状況を理解するために，②NPO法人の役職員が法人の運営状況を把握するために，③市民や所轄庁が適正な運営を行っているかを把握するために極めて有益なものである」[51]としている。さらに「報告書」では，「NPO法人の財務状況を分かりやすく表示し，法人の信頼性を向上させる観点から，従来の「収支計算書」が活動の実績を示す「活動計算書」に改められる（また「収支予算書」は「活動予算書」に改正）とともに，貸借対照表とあわせて「計算書類」として位置づけ，従来から作成してきた財産目録が計算書類を補完する書類として位置づけられた」[52]と述べている。そして，その財務諸表（計算書類）の作成には，会計報告の正確性の確保のために，複式簿記を前提とした財務諸表の作成を求めている[53]。

　このNPO法人会計基準は，これまでその基本となっていた公益法人会計基準をそのまま適用するのではなく，その考え方を参考にして策定していること，また，企業会計の基準については，全面的な導入ではなく必要な範囲のみ導入している。その結果，NPO法人会計基準に直接ない規定事項に関しては，公益法人や企業会計を参考にしながら利用者の判断を誤らせない程度にNPO法人が採用するという立場をとっている[54]。

また，2012年のNPO法改正の施行に伴って，これまで2つ以上の都道府県に事務所を置いていたNPO法人の所轄庁は内閣府であったのに対し，今後は主たる事務所のある都道府県へと変更となった。このため，実質的には原則として都道府県へ上記の財務諸表が提出される。その提出方法については直接の提出や郵送での方法が認められている。一方で，その閲覧については，所轄庁での閲覧に加えて，アクセスの容易性からインターネット上における情報の提供が行われている場合もある[55]。ただし，その情報開示については，各NPO法人が提出した書類をそのままパソコンで閲覧できる形式であり，データベース化されているわけではない。そのため，各年度間の比較や他の法人との比較・分析などに関しては困難なままである。

　この2012年のNPO法の改正に対してその後，寄付方法の変更（たとえば，Webサイトからのクレジット寄付やクラウドファンディングなど）やNPO法人自身によるファンドレイジング活動を行うなどNPO法人の取り巻く環境や業務内容が大きく変化してきている[56]。これに対応するために，NPO法人会計基準が2017年に一部改正とされた。2017年の改正内容としては，(1)受取寄付金の認識，(2)役員報酬と役員およびその近親者との取引の明確化，(3)その他の事業がある場合の活動計算書の前期繰越正味財産額および次期繰越正味財産額の表示，(4)特定資産の4点であった[57]。(1)に関しては受取寄付金の認識について，(2)は役員報酬は事業費に計上されるのか，管理費に計上されるのかについての規定，(3)「その他の事業」がある場合は，事業ごとに活動計算書の前期繰越正味財産額および次期繰越正味財産額を表示すること，(4)特定資産についてNPO法人会計基準の考え方が不明確であることから，よりわかりやすい説明をするという4点について改正が行われることとなった[58]（図表1-1参照）。

■図表1-1　各非営利法人における会計基準とその内容

	公益法人	医療法人	学校法人	社会福祉法人	NPO法人
法人設立の根拠法令	公益財団および社団法人の認定等に関する法律	医療法	私立学校法	社会福祉法	特定非営利活動促進法
会計基準	公益法人会計基準	医療法人会計基準	学校法人会計基準	社会福祉法人会計基準	NPO法人会計基準
情報開示の目的	・外部報告を重視（アカウンタビリティの履行を含む。利用者の意思決定有用性（H20改正））	・病院経営の改善向上 ・非営利性を前提とする会計基準	・会計基準は内部管理目的が主眼→アカウンタビリティの履行	・経営実態の正確性を反映したアカウンタビリティの履行	・法人に関心のある人々の意思決定の支援
会計基準が定める財務諸表等	貸借対照表 正味財産増減計算書 キャッシュフロー計算書（大規模法人） 財務目録	貸借対照表 損益計算書	貸借対照表 資金収支計算書 事業活動収支計算書	貸借対照表 収支計算書（事業活動計算書・資金収支計算書） 附属明細書	貸借対照表 活動計算書 財務目録
企業会計等の導入	・企業会計の導入（発生主義や時価主義の導入）	・企業会計方式の採用	・企業会計における損益計算施行を敷衍	・既存の社会福祉法人会計，公益法人会計，企業会計を参考として作成	・一部，企業会計，公益法人会計基準の導入 ・複式簿記の導入（発生主義会計が前提）

出典：筆者作成。

　このように日本の非営利組織会計では多様な会計が採用されている。序章の非営利組織の課題に沿って述べれば，営利組織会計を導入しようとする動きはすべての法人でみられたが，情報開示の目的は意思決定有用性ではなく，アカウンタビリティの履行を目的とする法人もあったということである。また発生主義会計の導入を考えている法人が多かったことも，日本の非営利組織会計の

特徴の1つであるといえる。

3 英国の非営利組織会計

3.1 英国におけるチャリティの存在とチャリティへの規制

英国におけるチャリティは英国経済の中で重要なセクターの1つを構成し，英国の非営利組織の代表的存在である。英国においては非営利セクターをボランタリー・セクター（voluntary sector）[59]ともよび，その中心的な存在がチャリティである。

英国では，1601年にエリザベス救貧法（The Act for the Relief of the Poor）と公益ユース法（the Statute of Charitable Uses）—チャリティを規制・管理する現在のチャリティ法（Charities Act）の原型—が制定され，この2つの法律に基づき，地方政府と民間のフィランソロピーが相俟って貧困対策が行われた[60]。チャリティに関するチャリティ法はコモン・ローの法的環境の下で形成され，公益ユース法の前文がチャリティの定義の基になっている[61]。すなわち，チャリティの定義はコモン・ローに依存してきた[62]。

しかし，2006年のチャリティ法によって，チャリティが成文法の法律によってはじめて定義されたのである[63]。2006年のチャリティ法によれば，チャリティとは，「チャリティ目的のためだけに設立された組織であること」，「高等法院（high court）の裁判権の及ぶ範囲内（即ちイングランドとウエールズ）に存在すること」という2つの条件を満たす組織であると規定されている[64]。

一方，チャリティにはチャリティを監督，支援，助言を行う機関—チャリティ委員会（Charity Commission）[65]—が存在している。当該委員会は，19世紀の初め頃に受託者の義務違反などの問題が深刻となったことにより，チャリティの実態の把握と規制が求められるようになった[66]。その結果，1853年には公益信託法（Charitable Trusts Act）が定められ，チャリティ委員会が発足した[67]。

議会が制定したチャリティ法に定めるチャリティ目的の活動を行うチャリティは，法人形態か非法人形態かを問わず，原則として，チャリティ委員会に

申請して認定を受け登録するように義務づけられた[68]。こうして登録されたチャリティ（registered charities）を一般的にチャリティとよんでいる[69]。2018年3月末現在，167,972のチャリティが登録している[70]。

1980年代以前はチャリティに多様な会計が採用されており，会計の基準も整備されていなかった。このため，チャリティの財務諸表を理解することは困難であった。そのような中，1980年代からチャリティの会計について整備が進められた。詳細は後述するが，チャリティ委員会からSORPが公表された。このSORPに従うことによって，チャリティの財務諸表は，英国の会計基準の上位に位置する最高規範であるTFVを備えた財務諸表とみなされ，法的あるいは他の報告義務を満たすことができるようになるのである[71]。このためSORPはチャリティ会計にとって非常に重要なものである。

3.2　新英国会計基準とSORPの関係

現在，英国の会計基準は2015年1月1日の事業年度開始から適用される新会計基準へと大きく変革した。その変革は自国の会計基準へ国際財務報告基準（International Financial Reporting Standards：以下IFRSとする）を導入することであり，2005年以降，IFRSを基軸とした自国の会計基準の整備を推し進めていたのである。IFRSは原則主義であり，実質優先思考，資産・負債アプローチの採用，離脱規定（departure）[72]は英国会計と類似しており，そのことがIFRS導入の後押しとなった要因の1つであろう。その結果，2013年にFRCがこれまでのUK GAAPに代わり，新しい会計基準を公表した。

英国の新会計制度においてその特徴として挙げられるのはTFVを最高規範として考慮していること，UK GAAPは営利組織（企業）・非営利組織に適用可能であることが念頭に置かれていること，公益事業体（Public Benefit Entities：以下PBEとする）[73]の基準は営利組織の会計との共通性からFRS102に組み込まれたこと，新基準を構成するものの1つとしてSORPが残留していること，全体の目的と財務諸表の目的の2重構造であることである。このIFRSは営利組織のための会計基準が中心となっていることから，チャリティ会計でいえば，たとえば，ファンド会計（Fund Accounting）や財務活動計算書（財務諸表）の意義といったチャリティ独自の会計については規定がない。これらはチャリティの実務指針となるSORPの中で規定されている。

すなわち，英国会計はIFRSを導入しつつも，営利組織会計・非営利組織会計の共通性を認めると同時に，そのセクター固有の会計も認めている。換言すれば，UK GAAPは営利組織を中心とした会計基準を盛り込み，チャリティ独自の会計についてはSORPとして規定しているといえる。そのSORPもIFRSに矛盾しないように，今回，SORPは，SORP（FRS102）として改訂したのである。営利組織，非営利組織における会計の整合性を考慮した会計基準の策定を目指したといえるのである[74]。本書はこれらSORPを中心に検討している。

3.3 英国チャリティ会計の研究意義

本書では，上記のような特徴をもつ英国のチャリティ会計を取り上げている。
その理由は，主に次の3点である。第1に，チャリティの会計制度は1980年代に整備され始めたが，それ以前は多様な会計実務であり統一化が図られていなかった。その意味で現在の日本の非営利組織会計との類似性が見いだせることである。第2に，チャリティ会計は営利組織会計の導入から始まり，その後，非営利組織会計の考え方をより前面に押し出す形で確立された。一方，日本の非営利組織会計も「企業会計の動向との乖離が少ない状況」[75]であり，この点が類似していることである。

英国では企業会計基準が適用されつつも，概念フレームワークである「財務報告の原則書：公益事業体向け解釈」を反映した実務指針のSORPはチャリティに固有の会計論点を保持し，それは企業会計基準と異なる点が含まれていることである。

このように非営利組織会計の検討が行われた当初とその基本的な考え方は日本と英国では類似しているが，英国はチャリティ会計としての独自性を残す形でSORPを構築しているのである。そこで本書では，英国のチャリティ会計の確立の変遷を辿るとともに，チャリティ会計独自の会計を浮き彫りにすることによって，最終的には，日本の非営利組織会計の在り方を情報開示の側面から考察したい。

4　おわりに

　本章では，日本の非営利組織の制度がどのようになっているのかについて取り上げている。ここでは非営利組織の代表的な5つの法人を取り上げ，5つの法人はそれぞれの会計基準を擁していることが理解できた。また，英国の非営利組織会計の特徴を紹介し，本書ではこの英国の非営利組織の代表的な存在であるチャリティの会計を取り上げる理由についても述べた。本書では英国の非営利組織であるチャリティの情報開示を中心として取り上げ，翻って日本の非営利組織の情報開示について検討することを目的としている。

　英国のチャリティは英国におけるボランティア活動の中心的な存在であり，チャリティ法（Charities Act　1960, 1992, 1993, 2006, 2011）とチャリティ委員会によって登録や監督などが行われている。このチャリティ委員会は1853年にその設立が認められた。一般にチャリティはこのチャリティ委員会によって登録することで登録チャリティとされ，当該委員会によって管理・監督などを受けている。チャリティの資格取得には法人格の有無は問われず，非営利性および公益性が要件となっている[76]。このように，英国は非営利組織の会計制度の取組みが日本より早く，その研究が進んでいることから本書ではこの英国チャリティの会計を中心として議論を進めている。

　また，本書では，チャリティがどのように財務報告（情報開示）制度を構築し，現行の情報開示制度を構築していったのかについて，歴史的変遷を含めて検討している。この歴史的変遷から明らかになった英国チャリティの特徴を端的に述べれば，発生主義会計の採用とファンド会計[77]，ナラティブ情報の採用である。

　昨今，日本の非営利組織において発生主義会計の導入が進められているが，非営利組織における発生主義とはどのような概念として捉えることができ，それに基づく財務諸表はどのようにあるべきかについてはあまり検討されていない。そのため，本書ではこのような観点から日本の非営利組織の情報開示はどのようにあるべきかについて明らかにしたい。このことによって，日本の非営利組織会計の情報開示について何らかの示唆が得られると考える。

●注

1 岡村［2011］16頁。
2 江田［2017］7頁。
3 ストック式は非資金のフロー計算書であり，フロー式は正味財産全体のフロー計算書である（江田［2017］7頁）。
4 江田［2017］7頁。
5 川村［2012］336頁。
6 川村［2012］337頁。
7 2017年には「正味財産増減計算書内訳表等に関する研究報告」（非営利法人委員会研究報告第29号）が公表された。
8 医療法，第39条。
9 医業経営情報 Report［2017］1頁。
10 医療法人の中でも，社会医療法人債を発行する社会医療法人が存在し，この法人は「社会医療法人債を発行する社会医療法人の財務諸表の用語，様式および作成方法に関する準則」が適用される。
11 厚生労働省「医療法人会計基準の必要性に関する研究」(https://www.mhlw.go.jp/topics/bukyoku/isei/igyou/igyoukeiei/houkoku/16houjin.html，2018.9.4.)
12 厚生労働省「病院会計準則の見直しについての調査」(https://www.mhlw.go.jp/topics/bukyoku/isei/igyou/igyoukeiei/houkoku/03an.html，2018.9.4.)
13 厚生労働省「病院会計準則の見直しについての調査」(https://www.mhlw.go.jp/topics/bukyoku/isei/igyou/igyoukeiei/houkoku/03an.html，2018.9.4.)
14 病院会計準則　第1章総則第1。
15 病院会計準則　第1章総則第4および第5。
16 厚生労働省「病院会計準則の見直しについての調査」(https://www.mhlw.go.jp/topics/bukyoku/isei/igyou/igyoukeiei/houkoku/03an.html，2018.9.4.)
17 厚生労働省「医療法人会計基準の必要性に関する研究」(https://www.mhlw.go.jp/topics/bukyoku/isei/igyou/igyoukeiei/houkoku/16houjin.html，2018.9.4.)
18 厚生労働省「医療法人会計基準の必要性に関する研究」(https://www.mhlw.go.jp/topics/bukyoku/isei/igyou/igyoukeiei/houkoku/16houjin.html，2018.9.4.)
19 医療法第50条の2。
20 医療法第51条第1項。
21 医療法人会計基準　前文。
22 四病院団体協議会　会計基準策定小委員会［2014］1頁。
23 私立学校法第1条。
24 文部科学省「私立学校法の一部改正（平成26年法律第15号）(http://www.mext.go.jp/a_menu/koutou/shinkou/07021403/001/001/1346473.htm，2018.9.7.)
25 片山［2011］28-29頁。
26 千葉［2012］376頁。
27 片山［2011］32頁。
28 新日本監査法人編［2005］9頁。

29 片山［2011］32頁。
30 私立学校振興助成法とは物価の高騰や人件費の上昇による経常費の増大が収入の伸びを上回る傾向にあったため，私学を助成する目的で1976年4月から施行された。(「文部科学省　私立学校振興助成法」http://www.mext.go.jp/a_menu/koutou/shinkou/07021403/002/001.htm, 2012.5.15.)
31 新日本監査法人［2005］11頁。
32 学校法人会計基準の在り方に関する検討会［2013］1頁。
33 学校法人会計基準の在り方に関する検討会［2013］。
34 文部科学省高等教育局私学部参事官付［2016］8頁。
35 文部科学省高等教育局私学部参事官付［2016］10頁
36 社会福祉法人法　第22条。
37 厚生労働省「社会福祉法人制度改革について」(https://www.mhlw.go.jp/file/06-Seisakujouhou-12000000-Shakaiengokyoku-Shakai/0000155170.pdf, 2018.9.7.)
38 中川［2012］1-2頁。
39 吉田［2009］181-182頁。
　これまでの措置制度では国が決めていたのに対し，サービス受益者は，どの施設に入所するか，在宅サービスを利用するかを自ら選択し，契約することができるようになった（吉田［2009］182頁）。
40 吉田［2009］182頁
41 國見［2016］101頁。
42 厚生労働省雇用均等・児童家庭局他［2009］1頁；吉田［2012］165頁。
43 厚生労働省雇用均等・児童家庭局他［2009］2頁。
44 厚生労働省雇用均等・児童家庭局他［2009］4頁。
45 内閣府 NPO ホームページより（https://www.npo-homepage.go.jp/about/toukei-info/ninshou-seni, 2018.9.6.）。
　当該ホームページによれば，認証された NPO 法人数は2018年7月末現在である。
46 NPO 法人会計基準協議会［2018］11頁。
47 国民生活審議会総合企画部会［2007］12頁。
48 国民生活審議会総合企画部会［2007］12頁。
49 NPO 法人会計基準協議会［2018］11頁。
50 特定非営利活動法人の会計の明確化に関する研究会［2011］1頁。
51 特定非営利活動法人の会計の明確化に関する研究会［2011］1-2頁。
52 特定非営利活動法人の会計の明確化に関する研究会［2011］3頁。
53 NPO 法人会計基準協議会［2018］「議論の経緯と結論の背景」パラグラフ16。
54 NPO 法人会計基準協議会［2018］「議論の経緯と結論の背景」パラグラフ10-12。
55 たとえば，大阪府などは「大阪 NPO 情報ネット」というホームページ上での情報提供が行われている。
56 NPO 法人会計基準協議会［2017］1頁。
57 NPO 法人会計基準協議会［2017］1-2頁。
58 NPO 法人会計基準協議会［2017］1-3頁。

59 英国では公的セクター（法的セクター）（Statutory Sector）に対して自主的な非営利組織をボランタリー組織（Voluntary Organization）とよび，非営利組織（Not-for-Profit Organization：以下 NPO とする）という用語はあまり使われない（今田 [2001] 15頁）。

また英国では「ボランティア」に関する統一した定義はないが，公的文書や公的報告書，調査研究報告書などにいくつかの定義がみられる（文部科学省 [2007] 79頁）。

60 今田 [2001] 16頁。

61 網倉 [2005] 13-14頁；[2008] 54頁。

62 網倉 [2008] 55頁。

63 Charities Act 2006；網倉 [2008] 61頁。なお，チャリティ法（Charities Act）については「legislation. gov. uk」（http://www. legislation.gov.uk/）を参照している。以下，同様である。

64 2006年チャリティ法では，チャリティの目的（Charitable purpose）を次のように定義している。①貧困の防止・救済，②教育の振興，③宗教の普及，④健康増進と人命救助，⑤市民性の向上と地域開発，⑥芸術・文化・遺産・科学の振興，⑦アマチュアスポーツの振興，⑧人権擁護，紛争解決・和解，異なる宗教や人種の相互理解の促進，⑨環境保護・改善，⑩若年・高齢・病気・障害・貧困・その他の理由による困窮者の救済，⑪動物愛護活動，⑫イギリス軍・警察・消防・救急・レスキュー隊の効率化促進，⑬その他である（Charities Act 2006；文部科学省 [2007] 86頁）。

65 初期の頃は The Charity Commissioners for England and Wales といわれていた。

66 岡村 [2012] 3頁。

67 岡村 [2012] 3頁。

68 石村 [2015] 64-66頁。

またチャリティ登録などに関しては文部科学省 [2007] が詳しい。

69 網倉 [2008] 54頁。

70 Chrity Commission「Recent Charity Register Statistics」https://www.gov.uk/government/publications/charity-register-statistics/recent-charity-register-statistics-charity-commission, 2018.9.7.

71 2005年 SORP, para. 22.

72 国際会計基準（International Accounting Standard）の第1号「財務諸表の表示（Presentation of Financial Statements）」の中で，特定の基準書・解釈指針に準拠すると，財務諸表の利用者を誤導するような場合には IFRS の規定から離脱することが認められている。ただし，その旨や離脱対象となった基準書・解釈指針とそれが求めていた内容，理由および影響などを開示しなければならない（IAS1, paras. 19-20）。

73 公益事業体とは一般公衆（the general public），コミュニティあるいは社会的便益（social benefit）に財あるいはサービスを提供することを主たる目的とする実体であり，株主あるいはメンバーに財務的リターンをもたらす以外に実体の主要な目的を支援することにある実体である（FRS102, Glossary）。

この範囲にはチャリティ・カンパニーを含む英国チャリティのほか，登録公営住宅協会（Registered providers of social housing），大学等を含む継続・高等教育機関（further and higher education），出資型の非営利法人であるコミュニティ利益会社等が含まれる。

その範囲は日本における非営利法人のみならず，広く社会的企業（social enterprise）が包含されることになる（古庄［2017b］139頁）。
74　古庄［2017a］28-29頁，注3。
75　日本公認会計士協会では2008年にも『非営利法人会計の現状と展望』として研究資料を公表している。ここでは，非営利法人の各会計基準等の作成の際に法人形態及び事業内容の特殊性を考慮した上で，所轄庁の指導監督目的に則して設定されていることから各会計基準等作成時に企業会計の影響を大きく受けたものとなっていると述べている（日本公認会計士協会［2008］2頁）。
76　文部科学省［2007］83頁。
77　SORP102SORPによれば，fund（ファンド（資源））とは「信託に基づいた貨幣およびその他の資産を指す法律用語である」（FRS102SORP, Appendix1：Glossory of trems）としていることから，本書では「fund」を貨幣より広く捉え，「資源」と訳している。ただし，一般にfundは「資金」あるいは「ファンド」と訳されていることから，「資金」と訳している場合もある。その場合は，貨幣的な意味を強くもっていることからそのように訳出しているが，基本的に本書では資源とは資金も含む広い意味で捉えている。
　　また，fund accountingに関しては「ファンド会計」と訳出している。

第2章

英国チャリティ会計の特質とそれを構成する基礎概念

1 はじめに

　英国は従来からコモン・ロー（慣習法・不文法・判例法）の国であり，19世紀半ばあたりから会社法によって会計規制が行われるまで確固とした会計基準は存在せず，慣習によって処理されてきた[1]。そのため，会計でも「原則主義」[2]を重んじる考え方—会計処理にあたって法形式よりも取引実態等の経済的実質を優先する—が基盤となっている[3]。会計基準の上位に位置する最高規範がTFVという概念である。この概念は特定の事象について関連する法令や，会計規定への準拠がTFVを歪める場合，当該規定を適用してはならないとする考え方であり，「離脱規定（departure）」として認識されている[4]。

　また，英国ではロンドン証券取引所等への上場会社に対して取引所規則や会社法および税法の制度[5]が存在し，それらは主として会計制度の枠組みを定め，詳細な取り扱いを規定しているのはUK GAAPである[6]。

　この英国の会計制度[7]はIFRSを基礎とした会計制度を導入し国内基準の簡素化を考慮した財務報告制度の構築について議論が続けられ，その適用は2015年1月1日以後開始する事業年度からとしている。具体的にはUK GAAPが約2,500頁から250頁に削減され，取引所規則，会社法および税法はIFRSを介してより相互の結びつきを強くした[8]。この新しいUK GAAPの成立は広い意味では新しい英国の会計制度の確立である[9]といわれるほど大きな改正である。

　UK GAAPは企業だけでなく非営利セクターも含めた会計すべての前提と

なる基準である。そのためチャリティ会計の改革も行われた。英国のチャリティ会計制度確立時期は営利組織会計を導入していたこともあり，チャリティ会計には英国会計の概念が浸透している。そのため，本章ではチャリティ会計を理解するために必要な英国会計の基本的概念や事項について確認するとともに，英国会計の変更によるチャリティ会計の変更について検討する。

2　真実かつ公正な概観（True and Fair View）

　英国では会社法の伝統的な最高規範概念として TFV を採用しており，あらゆる財務諸表はこれを示さねばならないと規定し，新会計基準にも引き継がれている[10]。TFV は1856年会社法付則Bの会社定款雛形に導入された貸借対照表の表示に関する「a true and correct view」という文言に端を発する。この文言が1947年の会社法で「真実かつ公平な概観（true and fair view）」という表現に改訂され，1948年の会社法改正法では本文149条第1項に規定され損益計算書も含めた財務諸表報告全般に関する目的理念となった[11]。

　この TFV の用語の説明について，北川［1992］によれば，「誰のために真実かつ適正な概観か，最小限度どのような情報を示せばそれを満たすことができるのかといった問題は財務諸表の諸目的を定義する概念的困難性および特定の状況での真実性，適正性の定義の困難性から概念的枠組みの検討はあまりなされていない」[12]と述べている。この点について齊野［2006］でも，会社法においても会計学に関する文献においても具体的な定義がなされているわけではない。すなわち，TFV が会社法による最高規範であることは理解されているが，法的な取引形態だけでなく，真実の経済実態を財務諸表に反映するよう要求する概念であり社会的・経済的環境の変化に伴って変化する概念であるとしている[13]。

　この TFV の概念を最も象徴するのは，法規や会計基準からの離脱規定である。ある特定の事象について，関連する法令や会計規定への準拠が TFV を歪める結果となる場合には，当該規定から離脱する（その規定を適用しない）とされている。この離脱は任意ではなく強制されている点に特徴がある[14]。

　チャリティ会計へのこのような TFV 概念の適用については，会計基準委員

会（Accounting Standards Committee：以下 ASC とする）[1984] が次のように述べている。チャリティの財務諸表の基本的な目的は営利組織（commercial enterprise）と同じ TFV を与えるということである[15]。このことは上記に述べた TFV の概念がチャリティにも適用されるべきことを述べているといえる。ただし，チャリティ会計は営利組織会計と異なった目的や特徴を持っており，その目的達成のために異なった手段を要求するとし[16]，営利組織会計と異なるチャリティ特有の会計の採用を認めていると考えられる。それは次のことからも理解できる。

ASC [1984] によれば，チャリティの財政状態（financial position）の TFV はその資金（資源）調達，資源と義務（commitment）についての情報を含むべきである[17]。そして，その義務にはチャリティやその活動のための費消の内容について，注記によって，あるいは拘束付きの資源を示すことによって説明されるべきであるとしている[18]。この拘束付きの資源はチャリティ会計の固有の会計に関わっている。しかし，上記で述べたようにチャリティ会計においても営利組織会計と同様の TFV を基本的に求めているのである。

3　会計基準設定主体

英国では会計基準設定主体の指導・監督・資金（資源）調達機関として FRC があり，会計基準設定主体として会計基準審議会（Accounting Standards Board：以下 ASB とする）がある[19]。長い間，英国では会社法に詳細な会計規定がなく，実務上，取締役や会計に関する職業的専門家の判断に委ねられていた。その後，イングランド・ウェールズ勅許会計士協会（The Institute of Chartered Accounting in England and Wales：以下 ICAEW とする）等の職業会計士団体による自主規制が行われたが，法的な裏付けが存在しなかった[20]。

1970年に ASC が基準設定主体となり，「標準的会計実務書（Statements of Standard Accounting Practice：以下 SSAPs とする）」を公表した。しかし，ASC によって設定・公表される会計基準の規範性に限界があったことから，1989年の改革によって見直しがなされた。その結果，ASC に代わる基準設定機関として ASB が設立され，FRSs が公表された[21]。すなわち，ASB は ASC の

SSAPs を承認・継承するとともに，FRSs を作成・公表し[22]，これらが英国会社法上の「会計基準」となっているのである[23]。

　ASB はこの FRSs の発行と会計士にフレームワークを提供する緊急問題専門委員会（Urgent Issues Task Force）による摘要書（Abstracts）等とともに，英国における営利組織と非営利組織の両方の会計基準を設定した。これらが UK GAAP として参照されていたのである。上記でも述べたように2015年から新 UK GAAP となり，この新 UK GAAP 改革と相俟って，英国では会計基準設定体制の改組が行われ，現在，英国の会計基準設定を担っているのは FRC を中心とする体制である。FRC は政府と協議を重ね，2012年7月に組織改編を行い，FRC 理事会（FRC Board）を上部機関とする新たな体制となった。なお，ASB は2012年の改組によって，その任務を終え新たに「会計審議会」（Accounting Council：以下 AC とする）が基準設定に携わることとなった[24]。

4　一般に認められた会計原則（UK GAAP）

　上記で述べたように，英国では「一般に公正妥当と認められた会計原則」を UK GAAP としているが，これは ASB が中心となって設定してきた。英国では会社法が会計制度の枠組みを定め，会計基準としての UK GAAP が詳細な取扱いを規定していた。UK GAAP は企業会計だけでなくチャリティを含む非営利組織の会計すべての前提となる会計基準である。

　2015年以前の UK GAAP は会社法における会計および開示規定，SSAPs，FRSs，緊急問題専門委員会による摘要書，「小規模団体向けの財務報告基準」（Financial Reporting Standards for Smaller Entities：以下 FRSSE とする），SORPs から構成されていた。

　新しい UK GAAP では会計処理や表示に関するルールだけでなく，改正後の英国の会計制度の枠組みも示されている[25]。ただし，IFRS を基軸として整備される一方で，完全に IFRS に準ずるのではなく，一部では会社法および税法の規定に配慮した規定が設けられている[26]。

　新しい UK GAAP は会社法の会計および開示規定，新たな FRS，改訂版 FRSSE，SORPs 等から構成される。これらのうち拠るべき主要な基準となる

のが新たな FRS であり，次の3つが実質的な会計基準を定めた規定である[27]。FRS 第100号「財務報告要件の適用」（以下 FRS100とする），FRS 第101号「開示減免の枠組み」（以下 FRS101とする），FRS102である。これら新会計基準の適用開始は2015年1月1日以降に開始する会計年度からの適用が義務づけられたが，早期適用も認められている。

FRS100は新しい会計制度の骨子を取り決めた全体ルールであり，個別具体的な会計処理に関する規定は含まれていない。また FRS101は，IFRS に基づき会計処理（会計上の認識および測定）を行う特定の企業（「適格企業」）の個別財務諸表に対する開示減免の内容や，会社法等の要請に準拠するために求められる IFRS に対する特定の修正等が規定されている[28]。FRS102は，国際会計基準審議会（International Accounting Standards Board：以下 IASB とする）の中小規模企業向け IFRS（International Financial Reporting Standard for Small and Medium-sized Entities：以下 IFRS for SMEs とする）を基にして作成されており，英国の会社法との整合性が図られるなどの修正が行われたものである。ただし，FRS102は IFRS for SMEs そのものではなく当該基準で容認していない会計処理方法等を含んでおり，そのため IFRS との差異が残っている項目もある[29]。

ASB（その後の AC）は入念に基準設定目的の考察を行い，FRS100, FRS101, FRS102の優先される目的は次であるとしている。

「財務諸表の利用者が会社の規模や複雑性，利用者の情報ニーズに相応の（proportionate）高品質で理解可能な財務報告（financial reporting）を受領できることである」[30]。

上記から理解できる会計基準の目的は「利用者の情報ニーズ」ではなく「理解可能性」にある。この点について，ASB のメンバーは基準設定の目的について2012年の『英国およびアイルランド共和国の財務報告の将来（*The Future of Financial Reporting in the UK and Republic of Ireland*）：改訂版 財務報告書公開草案（*Revised Financial Reporting Exposure Draft*）』の中で次のように述べていた。

ASB の目的は次の点で脱線している。①利用者の情報ニーズが「高品質で理解可能な財務報告」の下位に置かれている，②「高品質で理解可能な財務情報」は利用者の情報ニーズにとって所与であり，高品質でなく，あるいは理解

可能ではない情報は利用者の情報ニーズに相応なものではないということであるとしている。そのメンバーは財務諸表の目的は利用者にとって有用な情報を提供することであるという考えであり，基準設定の目的は「入手しやすい様式で，コスト／ベネフィットの制約にのみ従い，財務諸表の利用者に必要な情報を提供することである」[31]と考えていた。

このように基準設定の目的について異議が唱えられたが，上記のように基準設定の目的は「理解可能性」となり，財務諸表の目的として「意思決定に有用な情報の提供」と「アカウンタビリティの履行」が唱えられた。

その財務諸表の目的についてFRS102によれば，次の2つを述べている。

「財務諸表の目的は特定の情報ニーズを満たすために適合した（tailored）報告書を要求する立場ではない広範な利用者による経済的意思決定に有用である実体の財政状態，業績，キャッシュ・フローについての情報を提供することにある」[32]。

「財務諸表はまた経営の受託責任の結果―チャリティに委託された資源の管理（management）についてのアカウンタビリティも示す」[33]。

すなわち，会計基準としての目的として理解可能性が求められ，財務諸表の目的として意思決定に有用な情報の提供，およびアカウンタビリティの履行のための情報提供が求められていることが理解できる。

上記までで新しい会計制度の概略について説明してきたが，実際に適用する会計基準についてはFRS102が中心となる。FRS102について，齊野［2014］ではFRS102は「当該基準の基礎概念がセクション2「諸概念および基準全体にかかる諸原則」（Concepts and Pervasive Principles）において示されている[34]が，これはIASBによる概念フレームワークの要点を抽出した，いわば概念フレームワークの簡略版であるといえる」[35]と述べている。また，KPMG／あずさ監査法人［2014］では「IFRS for SMEsに一定の修正を加えて作成された会計基準であり，英国における自国の会計基準として今後中心的な役割を果たすものである」[36]と述べていることから，FRS102の重要性が理解できる。

法定財務諸表の作成も含めた適用基準はIFRS，FRS101およびFRS102であるが，会計処理方法という点ではIFRSかFRS102である[37]。チャリティ会計ではこのFRS102を中心としたSORP（FRS102SORP）が定められている。こ

のFRS102SORPの詳細については本書の第7章で検討するが，本章で検討したTFVとの関連性について述べれば，FRS102SORPの会計上の勧告は，チャリティの規模，構成，複雑性に関わらずチャリティの財政状態や財務活動についてTFVを提供するために，発生主義（accrual basis）に基づく財務諸表を作成することを英国のすべてのチャリティに適用するとしている[38]。このような発生主義の採用についてはSORP1995から明示されており，チャリティ会計においても，TFVを支える概念として発生主義が採用されていることが理解できる。このため，次節では発生主義会計について整理し，非営利組織会計における発生主義とはどのような概念として捉えられるかについて検討したい。

5 発生主義

5.1 営利組織における発生主義会計

収益および費用を認識する会計として，一般的に現金主義会計と発生主義会計がある。中野［2000］によれば，現金主義会計は「収益を現金の収入，費用を現金の支出に基づいて計上する」[39]会計であるとしている。すなわち，現金主義会計では現金収支があった時点で収入と支出の計上が行われ，利益（あるいは損失）が計算されるのである。このため，経営活動の成果（収益）とそのための努力（費用）の対応付けが適切に行われていない[40]。また，収益の計上が不必要に遅らされているといった問題点もある[41]。

しかし，非営利組織会計では現金主義会計の採用が一般的に行われてきた。その理由は非営利組織が小規模であるものが多いため，簡便な会計が求められているということである。また，江田［2017］によれば「物品やサービスの提供と異なり「寄付者の意思」を出発点とする寄付や贈与では財産の提供が終了するまでは確実性が担保されないと考えられたからである」[42]としている。つまり，現金等の受領の確実性を重視していることが理解できる。

一方，中野［2000］によれば，発生主義会計は「収益と費用はその発生を意味する経済的事実に基づいて認識し，一定期間に利益獲得のために払われた努力を費用，また，それによってもたらされた成果を収益としてそれぞれ計上し，

これら両者を対応させた差額として期間利益（または期間損失）として決定する」[43]としている。すなわち、発生主義会計は経済的な事実の発生時点で収益と費用を計上し、収益と費用の対応関係を重視しているのである[44]。

桜井［2018］では、この発生主義会計は発生原則、実現原則および対応原則という3つの基本原則に支えられているとし、次のように説明している[45]。

発生原則は発生主義会計を支える最も基本的な原則であり、日本の企業会計原則でも、「すべての費用および収益は、その支出および収入に基づいて計上し、その発生した期間に正しく割り当てられるように処理しなければならない。ただし、未実現収益は、原則として、当期の損益計算に計上してはならない」（損益計算書原則一A）としている[46]。

この発生原則では収益と費用の計上は現金収支の事実ではなく、それらの収益や費用の企業活動に伴う経済的価値の生成や、消費を表すような発生の事実に基づいて行われなければならない[47]。しかし、すべての収益・費用の認識に際して発生原則だけが全面的に適用されるわけではなく、契約に基づく継続的役務提供以外の、通常の財貨の販売やサービス提供に関する収益の認識については実現原則の制約を受ける。

実現原則は①財貨やサービスが相手に引き渡されたこと、②対価として現金・売掛金などの貨幣性資産が受け取られたことという2つの条件が満たされた時点で収益が「実現」したとみなされ計上されるのである。これは収益計上の確実性や客観性を確保するためのものである[48]。

対応原則は「所定のコスト負担をもって最大の効果を達成するという、企業の経済活動の本質から派生している」[49]とし、それは利益計算の基礎をなすものであるとしている。ここでは「経済活動が引き起こすプラスの結果を収益として把握し、マイナスの結果を費用として認識することにより、両者を対応づけて利益を算定」[50]するとしているのである。そしてこのマイナスの結果とプラスの結果は明らかに関連性が存在するとも述べているのである[51]。すなわち、このような発生主義会計は「収益や費用が生じたことを意味する経済的な事実の発生時点でそれらを計上するとともに、収益と費用の対応関係を重視するところに特徴がある」[52]と述べている。

また、齋藤［2011］によれば「発生主義は、本質的に収益と費用の対応を導く概念である」[53]としているように、営利組織会計では収益とその収益を得る

ために発生した費用を対応させることにより，その差額となる利益あるいは損失を計上する。ここで「その支出および収入に基づいて計上し」とあるのは，費用については支出額を，収益については収入額に基づいて測定することを要請している。営利組織会計でなんらかの支出（費用）を行うことによってなんらかの収入（収益）を得るのである。換言すれば成果（収益）を得るために費やした努力（費用）として両者には因果関係がある（両者を対応させる）と考えられる。

このような発生主義会計の採用理由は何であろうか。IASB［2018］によれば「発生主義会計は，取引その他の事象および状況が報告企業の経済的資源および請求権に与える影響を，たとえそれによる現金の受取および支払が異なる期間に発生するとしても，それらの影響が発生する期間に描写する。これが重要である理由は，報告企業の経済的資源および請求権並びにその経済的資源および請求権の変動に関する情報の方が，当該期間の現金収入および現金支払のみに関する情報よりも，企業の過去および将来の業績を評価するためのよりよい基礎を提供するからである」[54]としている。また，「ある期間中の報告企業の財務業績に関する情報は，─（中略）─企業が正味キャッシュ・インフローを生み出す過去および将来の能力を評価する際に有用である。当該情報は，報告企業が利用可能な経済的資源をどの程度増加させたのかを示すものであり，営業活動を通じて，投資者および債権者から追加的な支援を直接入手することによってではなく正味キャッシュ・インフローを生み出す能力を示す」[55]としている。このように，発生主義会計によって反映される財務業績は企業の過去および将来の業績を評価するための基礎の提供と正味キャッシュ・インフローの能力の表示であるとしている。

このような発生主義会計が非営利組織会計にも近年導入されてきている[56]。そこで次に非営利組織における発生主義会計について検討していきたい。

5.2 非営利組織における発生主義会計

上記でみてきた発生主義会計における発生原則と実現原則については，非営利組織では次のように考えられる。発生原則についてはNPO法人会計基準によれば「「収益」とは正味財産が増加した原因をあらわすもので，「費用」とは正味財産が減少した原因をあらわすものである」[57]とし，いずれも「お金の入

出金ではなく，それぞれに関連する経済的な事実」[58]と述べている。上記の発生原則と照らし合わせてみれば収益は「正味財産が増加した原因」が「発生」した時であり，費用は「正味財産が減少した原因」が「発生」した時であるといえる。また，実現原則についても，NPO法人会計基準によれば「収益は，現預金や現預金以外の資産がNPO法人に入ってくることが確実である時点で計上」[59]するとしていることから，営利組織会計のそれと同じであるといえる。

ただし，対応原則については非営利組織では，その特有の資源（寄付金や助成金等）が資源の中に含まれていることから，対応の原則そのままでは非営利組織会計にはあてはまらないといえる。齋藤［2011］でも，非営利組織では寄付金や助成金等が資源に含まれていることから，「収入と支出とを因果関係に着目して対応させて，各期間の収益と費用として配分するという考え方は採用できない」[60]としている。この対応原則は，上記でも述べたが，利益あるいは損失を計算し，営利組織の経営成績を表すことを目的としている。たとえば，売上（収益）に対して売上原価（費用）を対応させる。そして，その差額が利益あるいは損失なのである。しかし，非営利組織では活動目的がミッションの遂行であることから，利益あるいは損失は非営利組織の成績を表すものではない[61]。すなわち，費用と収益を対応させる意義も営利組織と非営利組織では異なるといえる。営利組織会計では成果（収益）を得るために費やした努力（費用）を対応させるという関係は，成果である収益と因果関係のある努力を費用として対応させる関係にあるといえる。

一方，非営利組織の資源には寄付金や助成金等（収益）があり，それをいかに費やすか（費用）という関係であることから，当該収益と費用には直接的な因果関係は存在しない。非営利組織の本来活動についてみてみれば，非営利組織は営利組織のように費用をかけて収益を獲得するという対応関係ではない。非営利組織では，資源提供者等から受領した資源（寄付金等）を収益と認識し，それをいかに目的に沿った活動に配分するかという費用の費消を行うのである。換言すれば，非営利組織の本来活動に係る発生主義概念は，ミッションの達成という目的を媒介として収益を非営利活動に配分するともいうべきものである[62]。その意味でどのような収益があり，それぞれをどの活動に配分したのかという，活動への配分を中心とした財務諸表が必要となろう。

営利組織のように収益と費用の差額を計算し，利益（あるいは損失）を計算

するための損益計算書ではなく,非営利組織には収益を費用としていかに配分したかを表すことが重要である。それは,1つにはアカウンタビリティの履行につながり,他方では資源提供者の意思決定に役立つ情報の提供を行うからである。この非営利組織の発生主義概念については,NPO法人を具体的な事例として取り上げ,終章で検討している。

6　おわりに

　本章では英国会計を理解するために英国の会計の特徴の1つであるTFVについて概観し,UK GAAPを中心とした現在の英国会計について触れている。英国ではTFVのために,発生主義(accrual basis)に基づく財務諸表を作成することが定められており,この点についてはSORPの中で明示されている。そのため,本章ではまず営利組織会計における発生主義の概念について整理し,次に非営利組織会計の発生主義の概念について検討している。

　営利組織における発生主義は実現原則,発生原則,対応原則によって支えられている。このうち非営利組織の発生主義は対応原則のみ営利組織のそれと異なっていると考えられる。営利組織の対応原則は経済活動を表す収益とそれを得るために費やされた犠牲としての費用を因果関係に基づいて対応させ,経営成績を計算しようとするものである。

　これに対し,非営利組織の発生主義は寄付金や助成金等(収益)を獲得し,それをいかに費やすか(費用)という関係であることから,当該収益と費用には直接的な因果関係は存在しない。非営利組織では活動目的(ミッション)に共感して寄付金や助成金等の提供が行われ,その活動目的の遂行のために費消が行われるのである。そのため非営利組織の収益と費用の関係は活動目的(ミッション)の達成という媒介によって,両者を繋げているといえる。

●注
1　井戸 [2001] 40頁。
2　米国では詳細なルールへの準拠性を重んじる「細則主義」である(KPMG／あずさ監

査法人［2014］37頁）。
3　上原［2016］7頁；KPMG／あずさ監査法人［2014］37頁。
4　KPMG／あずさ監査法人［2014］36-37頁。
5　英国では，ロンドン証券取引所等への上場会社に対する一般投資家保護のための決算制度，既存株主および債権者保護のための英国会社法に基づく決算制度，課税所得の算定を目的とした法人税制が存在する（KPMG／あずさ監査法人［2014］3頁）。
6　KPMG／あずさ監査法人［2014］39頁。
7　英国の財務会計については依田［2004］；井戸［2001］；上原［2010b］；［2016］および齊野［2006］；［2014］；KPMG／あずさ監査法人［2014］を主に参照している。
8　KPMG／あずさ監査法人［2014］5頁。
9　KPMG／あずさ監査法人［2014］79頁。
10　1985年会社法旧第228条(2)，現在は第226A条(2)。
11　小堀［1993］197頁。
12　北川［1992］70頁。
13　齊野［2006］13頁，23頁。
14　KPMG／あずさ監査法人［2014］37頁。
15　ASC［1984］para. 10.4.
16　ASC［1984］para. 10.4.
17　ASC［1984］para. 10.5.
18　ASC［1984］para. 9.54.
19　齊野［2014］43頁。
20　KPMG／あずさ監査法人［2014］39頁。
21　齊野［2014］51頁。
　しかし，あくまでもASBはFRCの下部組織であり，会計基準の設定権限はFRCにある（KPMG／あずさ監査法人［2014］39頁，80頁）。
22　菊谷［2002］9頁。
23　川島［1995］93頁。
24　会計基準設定主体の変遷については齊野［2014］を参照している。詳細については齊野［2014］51-55頁を参照されたい。
25　KPMG／あずさ監査法人［2014］79頁。
26　齊野［2014］47-48頁。
27　齊野［2014］47-48頁。
28　KPMG／あずさ監査法人［2014］83頁。
29　古庄［2017a］28-29頁，注3。
30　FRS100, para. 7.
　当該目的を達成するためにASB（およびACも同意している）は次のような簡潔な（succinct）財務報告基準の設定を提供するべきであるとした（FRS100, para. 8）。
　・代替案が明らかにより良く優先的目的を満たさない場合，IFRSに基づいた解決策の提案による国際会計基準（global accounting standards）と首尾一貫性（consistency）を持たせること。

- 企業経営や取引に関する最新の考察および発展を反省させること。
- 規模，複雑性，公益性や利用者の情報ニーズに基づいた実務上の解決策とすべての英国およびアイルランド共和国の実体の首尾一貫した会計原則とのバランスを取ること。
- グループ内における効率性を促進すること。
- 適用のための費用対効果が良いこと。

31　ASB［2012］paras. 2.1-2.3.
32　FRS102, Concepts and Pervasive Principles, 2.2.
33　FRS102, Concepts and Pervasive Principles, 2.3.
34　FRS102のセクション2「概念と全体の原則（Concepts and Pervasive Principles）」では，次の項目が規定されている。「当該セクションの範囲」，「財務諸表の目的」，「財務諸表における情報の質的特性」，「財政状態」，「業績」，「資産，負債，収益（income），費用（expenses）の認識」，「資産，負債，収益（income），費用（expenses）の測定」，「基準全体にかかる認識および測定の原則（pervasive recognition and measurement principles）」，「発生主義（accrual basis）」，「財務諸表における認識」，「当初認識時の測定」，「二次測定（subsequent measurement）」，「相殺（Offsetting）」である（FRS102, section2）。
35　齊野［2014］50頁。
36　KPMG／あずさ監査法人［2014］83頁。
37　KPMG／あずさ監査法人［2014］113-114頁。
38　FRS102SORP, Introduction, para. 14.
　　当該SORPの会計上の勧告は現金主義（cash-based）に基づく収支計算書（receipts and payments accounts）を作成しているチャリティに適用されない（FRS102SORP, Introduction, para. 17）。
39　中野［2000］114, 390頁。
40　桜井［2018］73頁。
41　桜井［2018］73頁。
42　江田［2017］9頁。
43　中野［2000］114, 390頁。
44　桜井［2018］74頁。
45　当該3つの原則については，桜井［2018］75-78頁を中心にまとめている。詳細については当該箇所を参照されたい。
46　桜井［2018］76頁。
47　桜井［2018］76頁。
48　桜井［2018］78頁。
49　桜井［2018］75頁。
50　桜井［2018］75頁。
51　桜井［2018］75頁。
52　桜井［2018］74頁。
53　齋藤［2011］7頁。
54　IASB［2018］para. 1.17；IFRS財団編［2017］OB17.

55 IASB［2018］para. 1.18；IFRS財団編［2017］OB18-19.
56 たとえば，NPO会計基準では，現金主義を採用しているNPO法人が多い中で，複式簿記を採用し，その当然の帰結として発生主義会計を基本としていると述べている。
57 NPO法人会計基準協議会専門委員会［2012］18頁。
58 NPO法人会計基準協議会専門委員会［2012］18頁。
59 NPO法人会計基準協議会［2018］第Ⅳ，Q13-1.
60 齋藤［2011］7頁。
61 ただし，非営利組織であっても利益の獲得が次期以降の活動資源に活用できることから，利益（あるいは損失）の計算をすべて否定しているわけではない。しかし，ここではチャリティの活動目的とその開示という観点から議論を行っていることから，利益（あるいは損失）の計上目的ではないとする。
62 ただし，非営利組織において，営利組織会計でいう発生主義概念が存在しないといっているわけではない。非営利組織にも，収益（寄付金等）獲得のために資金調達費（ファンドレイジング費）といった収益と費用の対応関係が存在するものもある。

第3章

英国チャリティ法（Charities Act）と英国チャリティ委員会（Charity Commission）

1 はじめに

　本章ではチャリティを規定しているチャリティ法を取り上げている。英国のチャリティ法は，チャリティのための法律であり約400年以上の時を経て整備されてきた。

　城多［2009］によれば，チャリティ会計に関する制度は，アカウンタビリティに関連する情報開示制度としての性格と，チャリティに対する監督のための手段としての性格という2つの側面から徐々に整備が行われてきたとしている[1]。チャリティにおける法制度が約400年以上をかけて規制と情報開示という両側面から整備が行われてきたとすると，いずれの側面からもそれぞれが強化されていることが本章から理解できる。

　英国では規制が強化されている中で，日本における非営利組織（たとえばNPO法人）は監督官庁からの規制ではなく，市民による監視という傾向にある。非営利組織を取り巻く制度はその会計にも少なからぬ影響を与えることを考慮すると，日本における非営利組織の会計制度を考察する上で両国の異なる方向性は興味深い。そこで，本章では英国チャリティ法がどのような内容となっているのかについて検討したい。

　チャリティ法は1900年代に本格的に整備され，とくに1992年と1993年のチャリティ法はチャリティの保護と制度への信頼性の向上を目指すための中心的な役割を担うものであった。しかし，1992年と1993年のチャリティ法はチャリ

ティの財務諸表（charity accounts）の作成や表示方法に，直接的な影響をあまり与えていなかった[2]。

2006年には1992年と1993年のチャリティ法を改正し，チャリティの定義が制定法上，定められた。その後，2011年には1958年の公益レクリエーション法の全部および1992年，1993年，2006年のそれぞれのチャリティ法の大部分を統廃合したチャリティ法が制定された。2016年にもチャリティ法が改正されたが，2016年のチャリティ法は2006年の改正法や2011年のチャリティ法にみられるチャリティの発展を後押しするような制度・環境の整備の方向性とは異なっている。このため本章では，1960年のチャリティ法，1992年と1993年のチャリティ法，2006年のチャリティ法，2011年のチャリティ法を主に会計に関する規定の側面から比較検討している[3]。

2　チャリティ法

2.1　チャリティ法の概略

英国チャリティに関する制定法はエリザベス１世の時代の1601年に制定された公益ユース法から始まった。当該法律は信託（trust）の起源であるユースを公益信託として，法律上，認めたものである[4]。当該法の前文がチャリティの定義の基になっており[5]，公益信託の乱用を防ぎ有益なチャリティを支援することを目的としたものであった。1800年代の初めごろから，イングランドやウェールズでは受託者の義務違反や管理の失当，受託者の失踪などの問題が生じるようになったことから，議会はチャリティの再検討を行うことにした。このために1818年からブローハム卿を委員長とする委員会（Brougham Commission）を設置し，1837年までに各地のチャリティの実態調査を行い，報告書にまとめた。これに基づいて1853年に公益信託法（the Charitable Trust Act）が制定されたのである[6]。当該法により，公益信託の統一的な指導・監督機関として現在のチャリティ委員会の設立が行われ[7]，チャリティの監督強化や登録制度導入などを規定したチャリティに関する法律が定められていったのである。

第3章　英国チャリティ法(Charities Act)と英国チャリティ委員会(Charity Commission)　57

　上記の公益ユース法とともにチャリティの基準とされているのが，1891年のチャリティの公益性を争った裁判—チャリティとして所得税免除が認められるか否かが争われた裁判[8]—である。これはペムセル事件とよばれ，当時の裁判官であったマクノートン卿が4つの分類—①貧困の救済，②教育の発展，③宗教の発展，④コミュニティの便益に資する活動—を提示し，チャリティの基準となったものである[9]。その後，1958年にレクリエーションやレジャーのための施設が社会福祉を目的とするのであればチャリティとして認めるといった公益レクリエーション法（The Recreational Charities Act）などチャリティ関連の制定法が存在しているが，1960年のチャリティ法に集約された。

　1960年のチャリティ法制定以来，チャリティの数や種類が増加し，チャリティに関連する貨幣額は安定的となり持続的となっていった[10]。また，100億ポンド以上の年間取引高のチャリティも25万以上存在し，政府は財政上の援助や税制優遇（fiscal benefits and rate concession）を認めるという形で支援を行った。チャリティへの寄付の増加によって，チャリティは公衆に対して入手可能な情報を提供するという責任や，乱用に対する警戒，基準の明確性などの必要性が生じ，ウッドフィールド卿はチャリティの監督に関する調査を行い，報告書にまとめた。それが，1988年に内務省により職権が付与されたウッドフィールド卿（Sir Philip Woodfield）を委員長とする報告書『チャリティの監督のための効率的な検査（Efficiency Scrutiny of the Supervision of Charities）』である[11]。ウッドフィールド卿の調査の結果，監督についての枠組みや，改革の必要性が認識された。またチャリティ委員会の継続性が必要であり，そこには委員会の権力の増強や税の優遇制度についての再考が必要であるとしている[12]。

　チャリティへの保護とチャリティ制度への信頼回復のため1992年および1993年にチャリティ法が改正された。その後さらにチャリティ法の改正が行われた[13]。これらのチャリティ法は改正が行われるたびに，チャリティ委員会の権限の強化等が図られている[14]。政府がチャリティ制度改革を進める背景には，政府の政策の担い手として重要な役割を果たすようになってきたこと，その能力を十分に発揮できるよう法規制を現代化し，適切な活動基盤を提供することなどがある[15]。次節ではそれぞれのチャリティ法をみていきたい。

2.2　1960年チャリティ法（Charities Act 1960）

1960年のチャリティ法はチャリティの監督をチャリティ委員会に一元化し，チャリティの登録義務制を導入した。また会社法によるものや法人格なき団体などもチャリティの対象とした。チャリティの財務諸表については，第58章パート4「チャリティと他の事項に関する雑則（Miscellaneous Provisions as to Charities and Their Affairs）」において s32[16]「財務諸表を保持する一般的な義務（General Obligation to Keep Accounts）」[17]で規定している。その内容は次の通りであった。

(1) チャリティの理事者（trustees）はチャリティの事象について正確な会計帳簿をつけること，定期的な財務諸表（periodical statements of account）の作成を他の法律によって求められていないチャリティの理事者は毎期，期末の貸借対照表と15ヵ月以内の収支計算書（income and expenditure account）から構成される連続した財務諸表（consecutive statement of account）を作成することを奨励する。

(2) チャリティが清算したり，チャリティ委員会がチャリティを処分することを許可したり，あるいは処分することがなければ，チャリティの帳簿と財務諸表は少なくとも7年間保持することを推奨する。

(3) 教会のチャリティ（ecclesiastical charity）以外の農村地帯の教区（rural parish）のチャリティの財務諸表は，毎年，教区会（parish council）に送ることを推奨する。あるいは，もし教区会がなければ，教区委員会（parish meeting）の委員長に対して，次の教区委員会でカウンシル（council）あるいは委員長（chairman）に提出することを推奨する。

　当該項目は，教区委員会への財務諸表の提出以外について，市（borough）は農村地帯の教区と同様に，農村地区を含む都市に関連して適用することを推奨する。

このように1960年のチャリティ法 s32は，財務諸表について規定しているという点でチャリティ会計に関する初めての規定であり，貸借対照表と収支計算書の作成，会計帳簿の保管を要求したものであった。

2.3　1992年チャリティ法（Charities Act 1992）

1960年チャリティ法から1992年のチャリティ法へ改正され，チャリティ会計の規制が拡大した[18]。ただし，1992年と1993年のチャリティ法はチャリティの

第3章　英国チャリティ法(Charities Act)と英国チャリティ委員会(Charity Commission)　　59

財務諸表の作成や表示に関して，直接的な変化はほとんどなかった[19]。1992年のチャリティ法はチャリティの保護と規制強化のための法律であり，チャリティの運営の効率性を高め，公的なアカウンタビリティ（public accountability）を向上させるためのものであった。具体的には，法的責任を負わない理事者（trustee）の処分，財務報告に関する新制度の導入とチャリティ委員会に対する年次申告書等（annual return）の提出の義務づけ，チャリティ委員会の監督責任と権限の一層の強化等であった[20]。

1992年のチャリティ法では第41章のパート1のs19-27では，「チャリティの財務諸表（Charity accounts）」について規定している。それらは次の通りである[21]。

> s19「会計記録を保持するための義務（Duty to keep accounting records）」
> s20「年次財務諸表（Annual statements of accounts）」
> s21「チャリティ財務諸表の年次監査あるいは調査（Annual audit or examination of charity accounts）」
> s22「監査などに関連する補足規定（Supplementary provisions relating to audits etc.）」
> s23「年次報告書（Annual reports）」
> s24「例外および他の除外チャリティの財務諸表と年次報告書に関連する特別規定（Special provision as respects accounts and annual reports of exempt and other expected charities）」
> s25「年次報告書などの公的調査（Public inspection of annual reports etc.）」
> s26「登録チャリティによる年次の申告（Annual returns by registered charities）」
> s27「違反（Offences）」

財務諸表に係る重要な規定であるs19とs20は，次のように規定されている。

> s19(1)　チャリティの理事者達はチャリティが全取引を示し，説明するのに十分な会計記録の保持を保証することを推奨している。そのことによって(a)合理的な正確性でもってチャリティの財政状態（financial position）をいつでも開示すること，(b)理事者達は財務諸表がs20(1)に基づいて作成され，財務諸表はその規定（provision）の下，規則（regulations）に適合していることを保証することができる。

(2) 会計記録はとくに次を含む。
　(a)チャリティによる収支の合計額（all sums of money received and expended）を日々示す記帳（entries）や収支が行われた事象，(b)チャリティの資産と負債の記録
(3) チャリティの理事者達は会計期間の終わりから少なくとも6年間は会計記録を保持することを推奨する。
(4) 上記(3)で記載されている6年間以内にチャリティが解散した場合，チャリティ委員会が記録を申し送ることに同意しなければ，チャリティの記録を保持するための義務は最後のチャリティの理事者達で終わる（discharged）ことを推奨する。
(5) 当該規定は会社（company）であるチャリティには適用されない。

s20(1) チャリティの理事者達は国務大臣（Secretary of State）による規則（regulations）によって規定される形式や内容についての要求に応じる財務諸表をチャリティの各会計年度に関して（下記(3)に従って）作成することを推奨する。
(2) 上記(1)の普遍性（generality）に偏りがなければ，規則は次の内容を規定している。
　(a) 財務諸表が規則の中で明示されるか，あるいは参照されるのと同様の方法や原則に従って作成される
　(b) 財務諸表の注記によって提供される情報に関するもの
(3) 会計年度のチャリティの総利益（gross income）が25,000ポンドを超過しない場合，チャリティの理事者達はその年度において，次を作成することを選択できる。
　(a) 収支計算書（a receipts and payments account）
　(b) 資産・負債表（a statement of assets and liabilities）
　これらは上記(1)の財務諸表に代替する。
(4) チャリティの理事者達は(a)上記(1)に基づいて，彼らによって作成される財務諸表（statement of accounts）か，(b)上記(3)に基づいて，彼らによって作成される財務諸表等（account and statement）を保証することを推奨する。このような財務諸表が関連する，あるいは財務諸表等が関連する会計年度の末日から少なくとも6年間である。
(5) s19の(4)はこのような財務諸表の表示に関連して適用される（上記の(3)(4)を参照）。

(6) 国務大臣は権限によって、ここに規定される金額と異なった金額を用いることによって、上記(3)を修正するかもしれない。
(7) 会社であるチャリティは当該規定を適用しない。

2.4 1993年チャリティ法（Charities Act 1993）

1993年のチャリティ法は1872年の公益信託受託者法人格付与法（the Charitable Trustees Incorporation Act 1872）と1960年法、1992年法の第1章を主として合体したものであった[22]。1993年のチャリティ法第10章のパート6のs41-49では、「チャリティの財務諸表、報告書と申告（Charity Accounts, Reports and Returns）」について規定している。その構成は次の通りである。

1993年のチャリティ法は1992年のチャリティ法第1章を主としていることから、この「チャリティの財務諸表、報告と申告（Charity Accounts, Reports and Returns）」における規定も1992年法のそれらと同じものである。ただし、1992年の「チャリティの財務諸表」という区分から1993年は「チャリティの財務諸表、報告書と申告」に変更になっている。

s41「会計記録を保持するための義務（Duty to keep accounting records）」
s42「年次財務諸表（Annual statements of accounts）」
s43「チャリティ財務諸表の年次監査あるいは調査（Annual audit or examination of charity accounts）」
s44「監査などに関連する補足規定（Supplementary provisions relating to audits etc.）」
s45「年次報告書（Annual reports）」
s46「例外および他の除外チャリティの財務諸表と年次報告書に関連する特別規定（Special provision as respects accounts and annual reports of exempt and other expected charities）」
s47「年次報告書などの公的調査（Public inspection of annual reports etc.）」
s48「登録チャリティによる年次の申告（Annual returns by registered charities）」
s49「違反（Offences）」

s41とs42の規定が会計の財務諸表に係る規定であるが，これらの内容については上記で述べた1992年のチャリティ法s19とs20とほぼ同じものであった。

1993年のチャリティ法では会計と報告に関する基本的な法的枠組みを提供し，年次報告書および財務諸表の作成と公表を義務づけるものとなっている[23]。このことにより，チャリティによる資源の運用方法に関する正確かつ信頼しうる一貫した情報を公的に入手できることが保証されているのである[24]。

2.5 2006年チャリティ法（Charities Act 2006）

2002年には内務大臣のもとで有識者会議（戦略ユニット（Strategy Unit））による報告書『民間活動と公益―チャリティの見直し（*Private Action, Public Benefit—A Review of Charities and the Wider Not-for-Profit Sector*）』が出され，この報告書を受けて2003年に政府は基本方針「チャリティと非営利活動：その最新法制度の枠組み―民間活動と公益に対する政府の回答（Charities and Not-for-Profits：A Modern Legal Framework-the Government's Response to "Private Action, Public Benefit"）」を公表した。この中で61の提言が行われ，その具体的な取組みが行われた。ここでの提言に対して広く一般からの意見公募や特定の利害関係者へのヒアリングが行われ，政府としての取り扱いが示され，その結果が2006年チャリティ法案としてまとめられた[25]。2006年のチャリティ法は，新条項と，1992年チャリティ法（Charities Act 1992）および1993年チャリティ法（Charities Act 1993）を修正する条項からなっており[26]，大きく改正されたものであった[27]。

2006年のチャリティ法によってチャリティの定義が制定法上，定められた。当該法によれば，チャリティは「(a)チャリティ目的のためにのみ設立された組織，(b)チャリティに関連してその判断の行使に高等法院（High Court）の裁判権の及ぶ範囲（すなわち，イングランドとウェールズ）に存在すること」[28]と定義している。そして前出のマクノートン卿の4つの分類における公益性の推定は廃止された[29]。

また，2006年のチャリティ法では，チャリティ裁判所（Charity Tribunal）の設置[30]，新しい法人格の創設[31]，チャリティ委員会の法人格[32]が認められた。チャリティ裁判所とはチャリティ委員会の決定に対する提訴（appeals）と審査請求（applications）に関する「第一審裁判所（court of first instance）」として，

第3章　英国チャリティ法(Charities Act)と英国チャリティ委員会(Charity Commission)

「チャリティ裁判所」を新設することを規定している。

新しい法人格の創設とは，公益法人 (Charitable Incorporated Organization：以下CIOとする) の創設である。法人格を求めるチャリティが，チャリティを会社形態にした場合には，「会社登記局」(Companies House) と「チャリティ委員会」の両方の規制を受けることになる。新設されたCIOは，この不便さを排除し，「チャリティ委員会」に登録すれば，CIOの設立が認められ，同時に，チャリティとして登録されるものである[33]。

また，チャリティ委員会に法人格を認めた。これまでチャリティ委員会は1853年の「チャリティ信託法」以来，行政上の組織「コミッショナー (Commissioner)」として存在し，それは法人格を持たない組織であった。この「コミッショナー」を廃止し，法人格をもつ組織として「チャリティ委員会」の設置を規定した。このチャリティ委員会の目的は大きく5つあるとしている。①公衆の信頼の目的 (public confidence objective)，②公益目的 (public benefit objective)，③法律遵守の目的 (compliance objective)，④チャリティ資源の目的 (charitable resources objective)，⑤アカウンタビリティ目的 (accountability objective) である[34]。

2006年チャリティ法は1992年チャリティ法や1993年チャリティ法のように年次報告書に関する規定はほとんどなく，2006年チャリティ法の附則 (Schedul) 1の「チャリティ委員会」という項目の中で「年次報告書 (annual report)」の規定を設けている。ここでは会計年度の終了後，できる限り速やかに下記の報告書を提出しなければならないとしている。それは①機能の実施状況，②目的の達成状況，③責務の遂行状況，④「委員会」の運営状況である[35]。そして，新たに「グループの財務諸表 (Group accounts)」を1993年のs49の後に挿入するとしている。

このように2006年のチャリティ法は公益の増進を図るために，既存のチャリティ法を改正したものであるが，チャリティからの問題提起に政府が応える形で進展したこと，チャリティ委員会の法的存在，その責務と権限を明確にしたところに特徴がある[36]。すなわち，2006年のチャリティ法は「チャリティの目的」の設定にみられるように，コモン・ローの下で慣習的に行われてきたものを成文化するものであり，チャリティ委員会の法的位置づけの強化や権限の強化，チャリティの登録最低基準 (threshold) の引き上げ[37]など制度的変革を

行った[38]。このことから，英国チャリティは法律による権限の強化が行われたという点と，チャリティ独自の体制を確立しようとする点に特徴があるといえる。

2.6 2011年チャリティ法（Charities Act 2011）

そして2006年のチャリティ法[39]は2011年チャリティ法へと改正された。2011年のチャリティ法は1958年の公益レクリエーション法の全部および1992年，1993年，2006年チャリティ法の大部分を統廃合したものである[40]。

2011年チャリティ法によればチャリティは2006年チャリティ法と同様に「チャリティの目的」と「高等法院の裁判権」という2要件を示しており，2011年チャリティ法ではチャリティ委員会の目的も2006年チャリティ法の下でのそれと同じである[41]。また，2011年チャリティ法は繰り返し行われた修正による継ぎはぎだらけとなったチャリティ法の全面的な書き換えが行われたものである[42]。2011年のチャリティ法では，当該法は発生主義に基づいて作成される財務諸表の様式や内容を明確にしている。第2章パート8に「チャリティの財務諸表，報告書と申告」とし，その構成は次の通りである[43]。

第1章「個別財務諸表」（s130-s136）
　「会計の記録（Accounting records）」（s130）
　「会計記録の保存（Preservation of accounting records）」（s131）
　「財務諸表の作成（Preparation of statement of accounts）」（s132）
　「収支計算書と貸借対照表　小規模チャリティのための選択（Account and statement an option for lower-income charities）」（s133）
　「財務諸表あるいは収支計算書・貸借対照表の保存（Preservation of statement of accounts or account and statement）」（s134）
　「チャリティ目的の会社（Charitable companies）」（s135）
　「免除チャリティ（Exempt charities）」（s136）
第2章「グループ財務諸表」（s137-s143）
第3章「財務諸表の監査あるいは検査」（s144-s161）
第4章「年次報告書と申告および財務諸表への公衆のアクセスなど」（s162-s173）
第5章「財務的領域（financial thresholds）設定のための権力（powers）」（s174-s176）

2011年のチャリティ法の「会計の記録」（s31）は1993年のチャリティ法では「会計記録を保持するための義務」（s41）に相当し，「財務諸表の作成」は2011年のチャリティ法ではs132，1993年のチャリティ法ではs42に相当している。この2つのセクション以外は1993年と異なった区分となっている。しかし，2011年のチャリティ法「会計の記録」（s131）については1993年のそれとの違いは内容的にはほとんどない。ただし，推奨的な文言が，義務的な文言へと変更になっている。

　たとえば，1993年のチャリティ法では「チャリティの理事者は─（中略）─しましょう（shall）」であった規定が2011年のチャリティ法では「チャリティの理事者は─（中略）─しなければならない（must）」となっているのである。また，後者の「財務諸表の作成」（s132）と1993年のそれとの相違は上記と同じく，理事者が財務諸表を作成する箇所において文言が変更になっている点と，1993年では小規模チャリティや財務諸表の保存期間についても当該セクションで述べられているが，2011年では当該セクションにはない点が異なっている。また，「財産譲渡者（settlor）によるチャリティの信託に関しての規定が2011年チャリティ法では行われている[44]。

　しかし，2013年以降，脱税やマネーロンダリングなど，チャリティによる不祥事が発覚し，チャリティの活動を監督するチャリティ委員会に対し，会計検査院や国会は委員会の機能不全に対して厳しい批判を向けた。また，チャリティの寄付金募集について，チャリティが寄付の過度な募集や寄付者への心理的圧迫などが問題となり，2016年に「チャリティ（保護および社会的投資）法（Charities (Protection and Social Investment) Act）」が制定された[45]。当該法はチャリティによる不正の防止および行き過ぎた寄付金募集の抑制を目的として，チャリティ委員会の権限強化等を規定しており，全17か条で構成されている[46]。この2016年チャリティ法は，これまでの2006年のチャリティ法の改正や2011年のチャリティ法にみられたチャリティの発展を後押しするような制度・環境の整備の方向性とは異なり，チャリティへの規制強化の内容となっている[47]（図表3-1参照）。

■図表3-1　主要なチャリティ関連法の概要一覧

年	法　律	概　要
1853年	チャリティ信託法 (The Charitable Trust Act 1853)	チャリティ委員会の設置を規定。
1958年	公益レクリエーション法 (The Recreational Charities Act 1958)	レクリエーションやレジャーのために使う施設の提供が社会福祉を目的とするのであればチャリティと認める。
1960年	チャリティ法 (The Charities Act 1960)	・チャリティの監督をチャリティ委員会に一元化，チャリティの登録義務制を導入。 ・会社法によるものや法人格なき団体などもチャリティの対象。 ・チャリティの財務諸表の内容についてほとんど述べられていない。
1992年	チャリティ法 (The Charities Act 1992)	・チャリティ委員会の登録・規制の権力を強化し，チャリティに対する監督，監視，管理の改善を図る。 ・チャリティの保護と規制強化のための法律でありチャリティ団体の運営の効率性を高め，公的な説明責任（public accountability）を向上させるためのもの。
1993年	チャリティ法 (The Charities Act 1993)	1960年法と1992年法の修正法と1872年の公益信託受託者法人格付与法を合体。 チャリティのフレームワークを作り上げたもの。 チャリティとしての登録要件，チャリティの権限強化，チャリティの資産の売却，財務諸表，会計監査，事業報告の義務づけ。
2006年	チャリティ法 (The Charities Act 2006)	・1992年と1993年のチャリティ法を改訂したもの。非改訂個所はそのまま有効である。 ・チャリティの定義が制定法上，定められ，マクノートン卿の4つの分類における公益性の推定が廃止。 ・チャリティとして設立するためには当該法の慈善目的（charitable purpose）に当てはまることが必要。 ・チャリティの運営にかかわる適切性を確保し，その効率性を高めるとともに公的な説明責任（public accountability）をさらに強化することに主眼。 ・チャリティ委員会に法人格を認め，その目的を明文化。
2011年	チャリティ法 (the Charities Act 2011)	1958年の公益レクリエーション法の全部および1992年，1993年，2006年チャリティ法の大部分を統廃合したもの。
2016年	チャリティ（保護及び社会的投資）法（Charities (Protection and Social Investment) Act) 2016）	2006年の改正法や2011年法に見られたチャリティの発展を後押しするような制度・環境の整備の方向性とは異なり，チャリティへの規制強化の内容。

出典：筆者作成。

3 チャリティ委員会

　チャリティ委員会とはイングランドとウェールズのチャリティの認証・登録や支援・規制・指導監督，運営の助言などを行う独立した行政機関（department）であり，自らの名前で行政行為を行い，委員長を含む最大で8名の委員で構成される[48]。英国では公益を目的とする非営利活動はチャリティ法とチャリティ委員会の存在によって特徴づけられている[49]。

　チャリティ委員会は1960年のチャリティ法により公式化され地位が高められた[50]。当該法でチャリティ委員会によるチャリティの監督強化や登録制度の義務などを導入するなどの規定が行われ[51]，チャリティの所轄庁はチャリティ委員会となりチャリティの登録のみならずチャリティの登録後の包括的な規制をも担う独立行政機関（non-Ministerial Government Department）となった[52]。すなわち，この頃のチャリティの定義はコモン・ローに依存し，規制や管理を中心とする部分はチャリティ委員会の権限強化などを規定する成文法によって形成されていた[53]。

　その後，2006年のチャリティ法によって，チャリティの定義が成文化され，チャリティ委員会の目的が次の5つであると定められたことは前節で述べた通りである[54]。再掲すれば，①公衆の信頼の目的，②公益目的，③法律遵守の目的，④チャリティ資源の目的，⑤アカウンタビリティの目的である。各々の目的は，次のように定義されている。①はチャリティに公衆の信頼と信用（trust and confidence）を高めること，②は公衆の便益要請における実行の認識と理解を促進すること，③は理事者がチャリティの管理・運営にあたって法的義務と法律遵守を促進すること，④はチャリティ資源の有効な使用を促進すること，⑤は寄付者，便益者および一般公衆に対してチャリティのアカウンタビリティを向上することである[55]としている。

　チャリティ委員会でチャリティの登録審査が行われるが，チャリティとしての登録が認められるとチャリティに対して税制上の優遇措置が与えられる。すなわち，チャリティ関連事業の所得は非課税となり，チャリティ自体が収益事業を行うことは禁止されているが，付随的収益事業を行う場合には営利目的子会社を設立し，当該会社を通じた寄付金としてかかる収入は非課税とされる[56]。

このように英国におけるチャリティは，その公益活動を規範する法律としてチャリティ法が存在し，その法律によってチャリティ委員会の活動が認められ，また公益活動を行う団体を登録・管理・規制するチャリティ委員会という組織が存在しているのである[57]（図表3-2参照）。

■図表3-2　チャリティ委員会

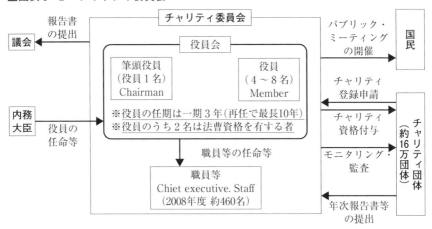

出典：「内閣府　NPOホームページ」https://www.npo-homepage.go.jp/about/kokusai-hikaku/charity-gaiyou, 2017年3月28日アクセス。

4　おわりに

チャリティ制度は1601年の公益ユース法により初めて法制化された。その後，チャリティの数の増加や規模の拡大によって，チャリティに対する期待も高まり，その信頼の確保が重要となってきた。しかし，1800年代には公益信託の乱用によってその信頼性が低下した。そこで，さらなる改革が行われたが，チャリティの定義が不明確といったような不備が目立つものであった。しかし，1900年代から英国におけるチャリティに関する法整備は本格的に行われるようになった。

1960年のチャリティ法ではチャリティの監督をチャリティ委員会に一元化し，チャリティの登録制度を義務化した。チャリティ委員会は，当該法により公式

第3章　英国チャリティ法(Charities Act)と英国チャリティ委員会(Charity Commission)　69

化され，地位が高められた。チャリティの所轄庁は，チャリティ委員会となり，チャリティの登録のみならず，チャリティの登録後の包括的な規制をも担う独立行政機関（non-Ministerial Government Department）となった[58]。さらに，1992年にはチャリティ委員会におけるチャリティの登録・規制の権力を強化した。1993年のチャリティ法も1992年のチャリティ法同様，チャリティの権限強化を行い，会計報告や監査，事業報告を義務づけたものであった。

　その後の2006年のチャリティ法でも会計に関する規定が含まれるとともに，チャリティの定義がこれまでのコモン・ローに依存したものから制定法上定められたのである。さらに，チャリティ裁判所（Charity Tribunal）の設置，新しい法人格（CIO）の創設，チャリティ委員会の法人格も認められ，チャリティを取り巻く制度が，かなり整備されたといえる。その2006年のチャリティ法ではチャリティの運営にかかわる適切性を確保し，その効率性を高めるとともに，公的なアカウンタビリティ（public accountability）等をさらに強化することであった。そして，その後，2011年のチャリティ法は，これまでの1992年，1993年，2006年のチャリティ法を統廃合して定められた。

　しかし，2013年以降，脱税やマネーロンダリングなど，チャリティによる不祥事が発覚し，チャリティの活動を監督するチャリティ委員会に対し，会計検査院や国会から委員会の機能不全に対して厳しい批判が浴びせられ，2016年にチャリティ法が改正された。当該法は，これまでの2006年のチャリティ法の改正や2011年のチャリティ法にみられたチャリティの発展を後押しするような制度・環境の整備の方向性とは異なり，チャリティへの規制強化の内容となっている。このようにチャリティ法の整備はチャリティの保護と制度への信頼性の向上を目指すと同時に，チャリティに対する監督や規制が徐々に強化されてきたことを示している。

　このような中，チャリティ法による会計の規定は1960年から行われ，法律の改正と共に会計に関する規定も改正された。1992年のチャリティ法では財務諸表に関する規定が設けられ，1993年のチャリティ法ではさらに理事者の年次報告書にまでその規定の範囲が拡大している。そしてさらなる修正は2006年チャリティ法で行われた。ただし，チャリティ会計に対するチャリティ法の要請を具体化するのはSORPである。SORPはチャリティに会計基準や原則の解釈を提供し，チャリティ固有の取引の会計上の取扱いを明確にするものである。

次章以降では，情報開示の側面をチャリティ会計の観点から検討する。とくにチャリティ会計の実務指針であるSORPは，どのような規定となっているのかについてSORPの成り立ちから現在までを取り上げ検討する。このことによってチャリティ会計に通底している考え方およびその特徴を明らかにできると考える。

●注

1　城多［2009］3頁。
2　Palmer and Randall［2002］p.59.
3　なお，チャリティの会計に関する規定としてRegulationも存在しているが本書では取り上げていない。
4　当時，信託の起源であるユースを利用して教会に財産を寄進するという宗教目的のチャリティが盛んにおこなわれており，公益ユース法によって一定の条件の下で公益信託を認めるとともに，乱用を防止することが意図された（雨宮［2004］108頁）。
5　網倉［2005］13-14頁；［2008］54頁；古庄［2002］166頁；文部科学省［2007］100頁。
　　公益ユース法の前文における公益性を有する活動の例示は，高齢者・虚弱者・貧困者の救済，傷病兵士・学校・大学生への支援，橋梁・港湾・道路・教会・堤防・幹線道路の補修，孤児の教育及び就職，矯正施設の遺児支援，貧困女子の結婚，年少の労働者等の支援，囚人・捕虜の救済・釈放，生活困窮者の租税支払い等の支援（総務省編［2005］108頁）である。
6　雨宮［2004］108頁；経済企画庁国民生活局編［2011］72頁；橋本［2004］80頁。またチャリティ法に関しては網倉［2008］が詳しい。参照されたい。
7　古庄［2002］166頁。
8　尾上［2015b］41頁。
9　尾上［2015b］41頁；文部科学省［2007］84頁。
10　Woodfield［1987］p.1.
11　古庄［2002］167頁。
12　Woodfield［1987］p.1.
13　ただし，2016年チャリティ法は「チャリティ（保護および社会的投資）法（Charities (Protection and Social Investment) Act 2016）」である。その内容はチャリティへの規制強化の内容となっている。
14　内閣府　公益認定等委員会［2013］5頁。
15　中島［2007］25頁。
16　Charities Actでは個々の項をsectionと示していることから，本章ではsとして示している。
17　Charities Act 1960, s32.
18　Hyndman and McMahon［2010］p.457.

また，1995年にチャリティ会計の規制が再度拡大された。
19 Palmer and Randall［2002］p.59.
20 古庄［2002］167頁。
21 Charities Act 1992, 41, s19-27.
22 網倉［2008］54-55頁；雨宮［2004］112頁。
23 古庄［2002］169頁。
24 古庄［2002］169頁。
25 中島［2007］24-25頁。
　　また，これらの報告書の中で，チャリティの再定義，新たな法人類型である「公益法人組織（Charitable Incorporated Organization）」や「コミュニティ利益会社（Community Interest Companies）の創設が提案された（文部科学省［2007］85頁）。
26 石村［2015］87頁。
27 公益財団法人　公益法人協会［2015］38頁。ただし，2006年チャリティ法は1992年と1993年のチャリティ法を改訂したものであるが，非改訂個所はそのままであり，2006年チャリティ法がすべてをまとめた単一の法律ではない（網倉［2008］60頁）。当該法律については網倉［2008］が詳しい。参照されたい。
28 Charities Act 2006, s1.
29 尾上［2015b］45頁，脚注8。
30 Charities Act 2006, PART2, Chapter2.
31 Charities Act 2006, PART2, Chapter8.
32 Charities Act 2006, PART2, Chapter1；網倉［2008］65頁。
33 Charities Act 2006, PART2, Chapter8, Schedule7；網野［2008］70-71頁。
34 Charities Act 2006, s7.
35 Charities Act 2006, Schedule1A, s11.
36 網倉［2008］52頁；65頁。
37 これら以外に理事の業務執行上のリスクに対する保護なども例として挙げている（網倉［2008］86頁）。
38 網倉［2008］86頁。
39 2006年チャリティ法ではチャリティの目的が定められている。これはマクノートン卿の4分類では現代社会におけるチャリティの多様な活動を捉えきれないとの判断から，12項目に再定義するとともに13項目目として「その他」を設けている。これにより，チャリティが現代社会の状況に即した活動を行いやすい環境が提供されると期待されている（中島［2007］25頁）。
40 尾上［2015b］38頁。
41 Charities Act 2011, Part1, Chaprter1；網倉［2008］61頁；尾上［2015b］41頁。
　　2011年チャリティ法によってチャリティとして認められる「目的」は以下の13項目である。(a)貧困の防止・救済，(b)教育の振興，(c)宗教の普及，(d)健康や救命の増進，(e)市民権又は地域開発の振興，(f)芸術，文化，文化遺産又は科学の振興，(g)アマチュアスポーツの振興，(h)人権向上，紛争の解決，融和の促進，宗教的・人種的な調和又は平等・多様性の促進，(i)環境の保護及び改善，(j)青少年，高齢者，病人，身体障碍者又は財政的困窮者そ

の他社会的な弱者に対する救済，(k)動物愛護の推進，(l)国軍の効率，警察，消防，救難サービス又は救急サービスの効率の向上，(m)その他法律上認められる目的，である (Charities Act 2011)。

42　石村［2015］76頁。
43　Charities Act 2011, Part8.
44　Charities Act 2011, s130-s132.
45　田村［2017］。
46　第1条から第12条まではチャリティ監督機関の権限強化について，第13条および第14条は行き過ぎた寄付金募集の抑制，第15条は社会的投資への権力，第16条は当該法律の運営に関するレビュー，第17条は略称，適用地域および施行日などである（Charites Act 2016；田村［2017］）。
47　田村［2017］。
48　網倉［2008］54頁；文部科学省［2007］83頁；内閣府　公益認定等委員会［2013］5頁。チャリティ委員会の活動内容については，公益財団法人　公益法人協会［2015］が詳しい。
49　網倉［2004］27頁。
50　今田［2001］28頁。
　　網倉［2005］によれば，チャリティ委員会は1993年のチャリティ法において，初めてチャリティ委員会という言葉が登場し，その法人格による設立が規定されていると述べている。それまでは，チャリティ・コミッショナー（Charity Commissioner）という文言が使われ，チャリティ委員会の役割を担ってきたとしている（網倉［2005］20-21頁）。詳細については網倉［2005］を参照されたい。
51　今田［2001］28頁。
　　この1960年のチャリティ法によりチャリティ制度は近代化され，団体数も増加した（古庄［2002］167頁）。
52　尾上［2015a］107頁。
　　1997年にチャリティ委員会は包括的特徴を見出す試みとして「チャリティ登録についての調査の試み」の中間報告を出し，「チャリティとは何か」などに対して「社会的価値を提供する（＝生活の質を向上させ，コミュニティに肯定的な影響を与える）団体」とし，「公益」という文言を使用していない（文部科学省［2007］85頁）。
53　網倉［2008］55頁。
54　2006年チャリティ法では委員会の目的，機能，義務について明確に述べており，それは2011年チャリティ法にも含まれている。
55　Charities Act 2011, s14；石村［2015］99-101頁。またチャリティ委員会の権能やその責務について石村［2015］や尾上［2015a］を参照されたい。
56　古庄［2002］167頁。
　　また，継続的制約寄付（Deed of Covenant）やギフト・エイド（Gift Aid）等の税額控除制度があり，付加価値税やキャピタルゲイン課税について優遇措置がある。政府は内国歳入法（Inland Revenue Act）に基づく免税措置を行っている（古庄［2002］167頁）。
57　網倉［2004］41頁。

58 尾上［2015a］107頁。
　1997年にチャリティ委員会は包括的特徴を見出す試みとして「チャリティ登録についての調査の試み」の中間報告を出し,「チャリティとは何か」などに対して「社会的価値を提供する（＝生活の質を向上させ,コミュニティに肯定的な影響を与える）団体」とし,「公益」という文言を使用していない（文部科学省［2007］85頁）。

第4章

英国チャリティ会計の歴史的構築
―1988年 SORP 公表以前―

1　はじめに

　チャリティ委員会によって SORP が公表され，そこではチャリティ会計の実務指針として基本原則，会計処理および財務諸表の様式と内容等について規定が行われている。この SORP が規定しない事項については，FRSs および SSAPs が適用される[1]。

　現在のチャリティ会計は，2015年1月1日から有効とされる FRS102と一致する FRS102SORP が公表されている。チャリティの SORP は財務諸表と理事者の年次報告の形式と内容に関する詳細な要請とガイドラインを規定しており，とくに発生主義に基づいた財務諸表（accrual accounts）を作成するチャリティに勧告を行うものである[2]。換言すれば，SORP はイングランド，ウェールズおよびスコットランドにおいて法律によって支えられているベスト・プラクティスの推奨を提供するものである[3]。この SORP を適用することにより，財務諸表の作成者は TFV を付与した財務諸表を作成するための法的あるいはその他の報告義務を満たすことができるのである[4]。

　2015年の SORP の FRS102は英国における一般に認められた会計原則（accounting practices）あるいは UK GAAP として知られている UK 会計基準審議会によって発行された会計基準とガイダンスの変化を反映している[5]。

　その英国チャリティの財務情報について，Connolly and Hyndman [2000]：[2003] などで，アカウンタビリティの解除の側面や業績評価の点から検討が

行われている。また SORP についての研究は Connolly, Dhanani and Hyndman [2013] で行われている。ここでは最初の SORP である1988年 SORP を取り上げ，2005年 SORP と比較・検討を通じてチャリティ会計の変化を明らかにしている。また古庄［2002］や上原［2010a］でも SORP の発展について述べ，チャリティの主要な財務諸表について検討が行われている[6]。しかし，SORP 作成以前に着目し，SORP の成り立ちにはどのような考え方が存在していたのかについてはそれほど研究が進められているわけではない。そこで，本章ではチャリティ会計の確立に大きく貢献した SORP がどのように成立し，そこで採用された考え方は何かについて考察したい。そこで本章では，チャリティの SORP に大きく影響を与えたと考えられる3つの報告書—Bird and Morgan-Johns の研究報告書『チャリティの財務報告（*Financial Reporting by Charities*）』，ASC による討議資料（Discussion Paper）『チャリティの会計（*Accounting by Charities*）』，公開草案第38号（Exposure Draft No. 38）『チャリティの会計（*Accounting by Charities*）』—を検討する。

2　チャリティ会計の展開

　1980年代初頭から，英国のチャリティ会計と報告について，その質や首尾一貫性（consistency）を改善する努力が，かなりなされてきた[7]。1981年に当時の英国の会計士の規制者であり，また当時の基準設定団体であった ASC は，チャリティに対してまだ特定の発表を行っていなかった。ASC の意図は，必要に応じて報告基準をすべての組織（非営利組織も含めて）に適用することであった。しかし実際に，チャリティへの基準の適用可能性については混乱があり，多くの場合において報告基準は適用できなかった[8]。

　このような中，1981年に ICAEW の下で Bird and Morgan-Johns の研究報告書『チャリティの財務報告（*Financial Reporting by Charities*）』（以下 Bird and Morgan-Jones レポートとする）が公表された。本書は，当該領域における研究の先駆けとなったといわれている[9]。その後，Bird and Morgan-Jones レポートに応える形で，ASC は1982年に作業部会（working party）を設立した[10]。当該部会は，とくにチャリティの年次報告書の有用性を高めるための方法を開拓

第4章　英国チャリティ会計の歴史的構築—1988年 SORP 公表以前—　77

することと、当時採用されている財務会計と報告書の多様な実務を減少するための可能性を調査することを目的として、さまざまな利害関係者（会計の専門家、チャリティ、財団、チャリティ委員会）の代表者から構成された[11]。

そして当該作業部会の研究結果（findings）が、1984年の討議資料『チャリティの会計（Accounting by Charities）』と1985年の公開草案第38号『チャリティの会計（Accounting by charities）』（以下 ED, No.38とする）として公表されたのである。最終的に、ASC は1988年に SORP 第2号『チャリティの会計（Accounting by Charities）』を独自に開発し公表した[12]。その後、チャリティのSORP は1995年、2000年、2005年、2015年と改訂されている。

本章では1988年に公表された最初の SORP 以前は、どのような考え方がチャリティ会計として相応しいと考えられていたのかについて明らかにしたいと考えていることから、1988年以前の報告書を取り上げ、それらの中で述べられている財務諸表の特徴を明らかにし[13]、チャリティ会計構築の初期の考え方を明らかにしたい。

3　Bird and Morgan-Johns の研究報告書『チャリティの財務報告（Financial Reporting by Charities）』

3.1　目的と構成

英国では、1980年代、営利組織の財務報告と比較してチャリティの会計と報告の領域はそれほど発展していなかった。そのような環境の中、Bird and Morgan-Johns レポートが公表された[14]。その理由は、財務諸表が読み手にとって明瞭で（intelligible）有用なものとなることを目的としたものであった[15]。

当時、多くのチャリティは複雑な財務諸表を作成し、その理解はとても困難であった。また現在のチャリティは組織内で有効な財務コントロールのために必要な情報を生み出していなかった。そのため、当該レポートによりこれらの方向転換を促すものとして調査・提案が行われたのである[16]。

Bird and Morgan-Jones レポートでは、チャリティは法的な恩恵（legal

privileges）を享受していることから公的なアカウンタビリティ（public accountability）の義務が課されていると述べている[17]。当該レポートは1973年の100の大規模ファンドレイジング（fund raising）チャリティの年次財務諸表（annual accounts）から85のチャリティの財務諸表の調査を行ったものである[18]。この85の組織が従事している活動は最も多いのが健康を促進すること（to promote health）であり，29組織であった。次いで16組織がコミュニティの便益のためのさまざまな目的を遂行すること，15組織が宗教の振興（for the advancement of religion）であった。これら組織はチャリティとしての設立が42組織であり，34組織が会社法（the Companies Act）のもと保証有限責任会社（company limited by guarantee）として設立されていた[19]。これらの組織の実務について調査し，課題を明らかにするとともに解決策の提案が行われている。

　当該レポートの目次は，次の通りである。

第1章　イントロダクション
パートA－実務の調査
第2章　大規模ファンドレイジング・チャリティの年次財務諸表の概観
第3章　ケース・スタディ：The William Leech 社の場合
第4章　小規模チャリティの財務諸表
第5章　チャリティ財務諸表利用者の情報ニーズ
第6章　問題点（Inventory of problem areas）
パートB－会計と監査ガイド
第7章　首尾一貫した実務の必要性
第8章　チャリティは営利組織会計方法（business accounting methods）に従うべきか？
第9章　ファンド会計（fund accounting）[20]と用語
第10章　会計の基礎
第11章　収益勘定
第12章　貸借対照表
第13章　チャリティの財務諸表の連結（consolidation）
第14章　チャリティの監査
第15章　簡便な財務諸表（simplified accounts）
第16章　将来に向けて

第4章　英国チャリティ会計の歴史的構築—1988年SORP公表以前—　　79

　このようにその内容はかなり多岐にわたっていることが理解できる。本章では Bird and Morgan-Jones レポートが調査を踏まえての考察をパートBで行っていることから主に取り上げ，必要に応じてパートAを取り上げて検討している[21]。

　また，当該レポートでは現金収支計算書（Receipts and Payments Accounts）についても述べているが，これは主に小規模チャリティを対象として述べられていることから詳細には取り上げられていない。そのため，本章でも小規模チャリティについては取り上げていない。

　Bird and Morgan-Jones レポートでは，財務報告[22]の目的は何であるのかについて考慮する際に，1966年の AAA の ASOBAT を引用し，採用している。上記でも述べたが，ASOBAT によれば，会計を「情報の利用者が事情に精通して判断や意思決定を行うことができるように，経済的情報を識別し，測定し，伝達するプロセスである」[23]としている。

　情報利用者の意思決定に有用な情報を提供するというこのアプローチは，英国における会計基準運営委員会（Accounting Standards Steering Committee：以下 ASSC とする）が『コーポレート・レポート（*Corporate Report*）』でも採用したものである。『コーポレート・レポート』によれば，「可能な限り，利用者の情報ニーズ（information needs of users）を満たすように作成されるべきであり，利用者のニーズを識別し，会社報告書（corporate reports）の基本目的を達成するためには，誰が，何故，どの利用者に対して会社報告書を公表すべきであるのかを決定する必要がある」[24]としている。Bird and Morgan-Jones レポートでも利用者の情報ニーズに資する有用情報の提供を財務報告の基本とする，いわゆる意思決定有用性アプローチを採用すると述べている[25]。

　また，さらに Bird and Morgan-Jones レポートでは，チャリティは，チャリティを支援する人々—将来においてチャリティを支援することを希望する人も含めて—に対して，チャリティの目的の達成や，いかに受益者を支援したかを財務諸表で示すことに努める。それ故にチャリティの財務諸表は，営利組織よりも受託責任（stewardship）を重視する。ただし，いかに福祉の達成を測定することができるかという課題はある。チャリティの過大な余剰は支援者には好ましくなく，ほぼ収支が合うことがチャリティの成功としてみなされるとしている[26]。

そしてチャリティが資源提供者から寄付された資源については，特定あるいは拘束された目的のために寄付された資源（以下，拘束付き資源とする）は一般あるいは無拘束の目的で寄付された資源（以下，無拘束資源とする）とは別に説明されなければならない[27]。チャリティは受領した資源に対する責任を負っているとし，アカウンタビリティの原則がこの拘束付き資源と無拘束の資源を区分（level）して行われると述べているのである[28]。すなわち，Bird and Morgan-Jonesレポートは，財務報告の目的を意思決定有用性アプローチに置きながら，アカウンタビリティの履行の必要性を述べていると理解することができる。

3.2 年次報告書と財務諸表

Bird and Morgan-Jonesレポートではチャリティの「年次報告書と財務諸表」は，次の構成であるべきであるとしている[29]。

① 一般の報告書（Formal Report）[30]
② 収益勘定（Revenue Account）
③ 多様な資金残高（fund balance）変動計算書
④ 貸借対照表
⑤ 資金計算書（Source and Application of Funds Statement）
⑥ 注記
⑦ 監査報告書
⑧ ナラティヴ情報（informal narrative review）
⑨ 関連した統計情報

Bird and Morgan-Jonesレポートの調査の中で，大規模チャリティの財務諸表は現金主義あるいは修正発生主義[31]で行われていることがわかっており，前者は2組織で，後者は83組織であった[32]。しかし，Bird and Morgan-Jonesレポートではチャリティ会計は発生主義を使用するべきであるとしている[33]。また，通常の財務諸表は一般的な収益勘定と，注記によって補足されている貸借対照表であると述べている[34]。そのため，Bird and Morgan-Jonesレポートでは収益勘定と貸借対照表以外の計算書についての説明がほとんど行われていない。

第4章　英国チャリティ会計の歴史的構築―1988年SORP公表以前―　　81

　一般的な収益勘定（Revenue Account）は一般に収支計算書（Income and Expenditure Account）[35]として述べられているものであるが，組織によっては「収益勘定（Revenue Account）」としているところもある[36]。この収益勘定について，Bird and Morgan-Jonesレポートでは発生主義に基づいて標準化することが良いと述べている[37]。

　収益勘定は無拘束資源の場合は，収益と費用の詳細な形式で表示されるべきであり，拘束がある場合は適切に費消される限り，これら2つの総額が表示されるべきである[38]。収益にはどのような種類―寄付，遺産，助成金，投資収益など―があるかも明らかにする。

　また費用は2つに区分できるとしている。1つはチャリティの活動目的に関する項目である。しかし，これに加えてチャリティはサービスを支援する費用―管理（administration）と資金（資源）調達（fund-raising）―を払わなければならない。Bird and Morgan-Jonesレポートでは機能（function）別というよりも性質（nature）別に計上しているチャリティが多かったと述べ，多くのチャリティは多くの別のプロジェクト（たとえば，研究，教育サービス，老人ホームの経営（running residential homes），デイ・センター（day centers），など）にかかわっており，その場合はプロジェクトに限定した表示（heading）のもとで，生じた費用を報告することが望ましいとしている。機能別の表示に基づいた費用の報告書に加えて，アメリカではしばしば性質別によって機能別費用の分析を示しているとして，Bird and Morgan-Jonesレポートでもその採用を提案している[39]。

　貸借対照表については次のように述べている。チャリティの貸借対照表は純資産の全体を反映するべきであり，それは受託会社（custodian trustee）として保持される資源以外のマネジメントのコントロールと責任のもとで行われるべきである。Bird and Morgan-Jonesレポートでは，大規模チャリティの財務諸表は約72％が垂直形式（vertical form）で，約28％が水平式で表示されていた。当該レポートでは資金残高（fund balance）の変動は貸借対照表上で示すべきではなく，別の計算書で示すべきであるとし，「資金残高変動計算書（Statement of Changes in Fund Balances during the year ended…）」[40]を提案している。当該計算書は資金間の移転を表示するものであり，いかにさまざまな資金の変動が報告されるかを提案するための参考となる計算書として当該レポー

トに記載されている[41]。

4　ASC による討議資料『チャリティの会計（Accounting by Charities）』

4.1　目的と構成

1982年の4月に ASC はチャリティの財務報告書を考慮するために専門委員会（working party）を設立し，1984年に『チャリティ会計（*Accounting by Charities*）』という討議資料を作成した[42]。この討議資料の構成は次の通りである。

```
第1章　イントロダクション（paras. 1.1-1.7）
第2章　チャリティについての財務情報の利用者と特徴
第3章　チャリティによる財務報告書の原則
第4章　年次報告
第5章　財務諸表（Accounts）
第6章　ファンド（Funds）
第7章　収益（Income）
第8章　費用（Expenditure）
第9章　貸借対照表
第10章　SSAPs[43]の適用
第11章　小規模チャリティによる報告書
第12章　簡便な報告書（Simplified Reporting）
付録1　用語
付録2　参考文献の選択
```

当該討議資料はチャリティが発行する財務情報に焦点をあてており，ASC の調査の目的は，チャリティの年次報告書の有用性を向上させる方法の探索と，現在採用されている財務会計と報告書の多様な実務を減少させる可能性であった。現在の多様性はチャリティの年次報告書の読み手に対して混乱を招き，誤導させ得るものであると認識されていた。チャリティは彼らが公衆から受領す

る寄付や享受する税優遇のために，高度な基準の年次報告書を作成することが義務であると一般に考えられるとしている[44]。

4.2 年次報告書と財務諸表

チャリティの年次報告書では，チャリティの目的が明らかで簡潔な記述であるべきであり，チャリティの主要な目的を説明し，前年の年次報告書から重要な変化を示すべきものであるとしている。情報はいかにチャリティが入手可能な資源を効率的に使用したのかを読み手が評価できるものでなければならず，財務的な指標だけでなく，人材の配置やボランティアの関連や支援のレベル，雇用の詳細や関連した統計，割合（％）といったナラティヴ（narrative）な情報も含めるべきである[45]。また，予算については決算と比較することはチャリティの業績評価目的達成のためにいかに成功したかを評価するために最も良い手段の1つであると述べている[46]。

財務諸表については，歴史的な財務情報と複数の貸借対照表と収支計算書（Income and Expenditure Accounts）であるとしている[47]。また，これ以外に，財務諸表には資金（資源）残高変動計算書（Statements of Movements of Fund Balances），資金計算書（Statements of Source and Application of Funds），注記などが作成されている[48]としている。ASC［1984］によれば，財務情報の主要な利用者を大きく6つに区分し，その情報ニーズについて検討している[49]。そして情報利用者の特定のニーズはそれぞれ異なっているが，共通の部分が存在しているとし，それは彼らが意思決定のために情報を必要としていることであると述べている[50]。すなわち，財務報告の目的は意思決定有用性アプローチを採用しているのである。

貸借対照表はすべての正味財産（fund balances），資産，負債を含むべきであり，財務諸表の利用者にチャリティ目的のために入手可能な資源を示し，チャリティがいかに外部の拘束に従ったかといったことを含んだ資源管理に関する受託責任（stewardship）の行使についての表示を行うものである[51]。そして収支計算書はチャリティに入手可能な資源とそれら資源をいかに使用したのかについての計算書であり，利用者は次の情報を最低限入手できるべきであるとしている。その情報は①チャリティはどれだけ資源を調達し，②資源調達のためにどれだけの費用（cost）を使用したのか，③チャリティは主要な活動に

どれだけ費消したか，④管理，広報活動，資金（資源）調達といったような支援サービス（support services）にどれだけの費用（cost）がかかったかである。当該情報は利用者にチャリティが活動を維持するか，拡大するか，あるいは縮小するかについて評価し，またどんな将来のニーズがあり得るのかについて評価するのに役立つものであるとしている[52]。

　資金（資源）残高計算書の定義については明確に述べられていなかったが，資金計算書は収益と費用の項目を示すためのものであり，貸借対照表と収支計算書の補完的役割であるとしている。チャリティの財務的資源をどこから受領しこれらの資源がどのように利用されたのかを示すものであるとしている[53]。これら財務諸表は現金主義会計か発生主義会計または両者の混合で記載されるべきであるとしながらも，当該討議資料では発生主義会計が望ましいとしている[54]。

　また当該討議資料では，営利組織会計の実務をチャリティに採用することに対して議論が行われていた。賛成意見については，チャリティの現在の会計実務を批判している。多くの人々は，チャリティが開示する情報は少ないものであり，誤解も生じやすく作成されており，チャリティ間の不必要な相違が生じていると考えていた。このため，その改善には営利組織会計の採用が考えられ，そこにはSSAPsが含められていた。会社法（the Companies Acts）に基づいて設立されたチャリティは会社の法律やSSAPsの要請に従っているという点を彼らは指摘している[55]。

　一方，反対意見については，チャリティは利益の最大化を目指すといった営利組織会計とは異なる目的を持っており，チャリティの利益（revenue result）は営利組織の配分可能な利益とは異なるものである。資源の増加はチャリティの目的に沿った活動の拡大を可能とし，資源の減少は縮小することが必要となる。チャリティやその財務諸表の読み手は資源とその運営（operations）の間のバランス（balance）に関心があり，その結果，損失を補うための余剰（surplus）を蓄積しているわけではない。チャリティの財務諸表の利用者は一方で資源に関する計算書がチャリティに利用可能なものであるのかどうか，他方で資源がいかに使用されたのかに関する計算書を必要としている。それ故に信託勘定（trust accounts）を基礎とする概念が営利組織の勘定を基礎とする概念より適切であるとしている[56]。このような賛否両論の意見に対し，当該討議

資料ではチャリティの財務諸表には営利組織会計の採用が現在のベスト・プラクティスと一致していると考えている[57]。すなわち，営利組織会計の実務がほとんどあるいは修正なくチャリティに適用され得るとの結論となったのである[58]。

5 ASCの公開草案第38号『チャリティの会計（*Accounting by Charities*）』

5.1 目的と構成

1985年にチャリティの財務諸表のある程度の統一を目指すことを目的としてASCはED, No. 38『チャリティの会計（*Accounting by Charities*）』を発行した[59]。これはASCの討議資料に対するコメントと「提案された実務勧告（Proposed recommended practice）」の部分に大別されている。その構成は次の通りである。本節ではこのうち，パート3の「提案された実務勧告」を中心として取り上げている。

- 序文（paras. 1.1-1.16）
- 討議資料に対するコメントの要約（paras. 2.1-2.24）
- パート1 – 注釈（paras. 1-10）
- パート2 – 用語の定義（paras. 11-25）
- パート3 – 提案された実務勧告（paras. 26-80）

ED, No. 38では，チャリティが提供する会計情報はできる限り明確で簡潔な形式で表示されるべきであり，活動や資源の公正な写像（a fair picture）を提供するべきであることが望ましいとしている[60]。また，パート3の「提案された実務勧告書」に採用されたアプローチは意義があり，バランスの取れた方法で活動や資源についてアカウンタビリティを果たすために，すべての財務諸表（full accounts）を含んだ年次報告書を作成することが必要であろうと述べている。ASCは，チャリティの特徴や関連する数値の重要性に従った計算書の提供のためにはそれぞれのチャリティの受託者の裁量に任せるガイダンスを発行

することがより適切で役立つものとなると考えている。その結果，SORP の形式で任意のガイダンスの提示が提案されたのである[61]。

そして「提案された実務勧告書」は，チャリティによる会計のすべての重要な側面を扱うことが意図され，そこには年次報告書の財務諸表を伴うべきである情報が含まれている[62]。ここでの勧告はそれらに課された報告要請や構成，規模，複雑性に関わらず，すべてのチャリティに適用可能な傾向にある。しかしながら大規模チャリティによって採用される方法で報告することができるほど十分な資源を持っていないチャリティ（すなわち，小規模チャリティ）も存在している。その場合はその計算書の作成時に考慮される[63]。

5.2 年次報告書と財務諸表

「提案された実務勧告書」の目的は，チャリティによる報告の質を改善すること，現在，採用されている多様な会計実務の減少，チャリティの年次報告書の作成の責任者への支援の提供にある[64]。その構成は次のようになっている[65]。

- 年次報告書
- 法律上および管理上の詳細
- 理事者の報告書
- 財務諸表
- 会計の基礎
- 会計方針
- 収　益
- 費　用
- 収支計算書
- 固定資産の資産計上と減価償却
- 貸借対照表
- 関連チャリティと会社に関する情報
- その他開示項目

年次報告書は(a)法律上および管理上の詳細，(b)理事者の報告書あるいは同等の計算書，(c)財務諸表を含むべきであるとしている。(a)はチャリティの構成や目的に関する背景の情報を提供する，(b)はチャリティの組織，方針，活動，義務（commitments），計画の説明を含むべきである，(c)はチャリティの財務的

第4章　英国チャリティ会計の歴史的構築—1988年SORP公表以前—　　87

活動や資源を貨幣的手段で示す報告書であるとしている[66]。
　そして理事者の報告書については少なくとも次の情報を含むべきであるとしている。(i)チャリティの目的の追求の際に採用した組織の説明や方針の説明，(ii)財務諸表あるいは注記で開示される利益，損失，チャリティの今後の展開，活動，達成の再検討，(iii)チャリティの財政状態の再検討—そこにはチャリティの資産が保持される目的の説明，チャリティの将来の計画や責任の指示，とくに費用の継続項目，まだ遂行していない計画や義務—を含む。そしてこの表示は財務データも含んでいるとしている[67]。
　また，財務諸表はチャリティの活動や資源に関して貨幣でもって表示され，次の情報を含むべきであるとしている。(イ)会計期間にチャリティに入手可能である収益とその他の資源，(ロ)会計期間に発生した費用（expense）やその他の支出（expenditure），資金（資源）調達，管理，広報活動（public relations），チャリティの活動に直接関連する費用，(ハ)チャリティの資産，負債，正味財産（funds）であり，寄付者によって課された拘束とその資源の利用，(ニ)上記情報の間の関係や分析である[68]。
　こういった情報を提供するために，財務諸表は発生主義に基づいて作成され[69]，次から構成されるとしている。①受領した収益やチャリティが負担する費用を示す収支計算書（Income and Expenditure Account）とその期の余剰あるいは欠損，②資金計算書（the Statement of Source and Application of Funds）[70]，とくに，その収入（receipts）といかにそれらが運用され，どの収入が将来期間の使用のために入手可能か，③チャリティの資産，負債，正味財産（funds）を示す貸借対照表，④上記の計算書に含まれた情報を詳細にする注記である[71]。
　チャリティの収支計算書は主に活動の計算書（Operating Statement）であり，営利組織の損益計算書（Profit and Loss Account）と類似（analogous）している。しかし，あるチャリティにとって，収支計算書は取引の完全なおよび適切な評価を利用者に提供していない場合もあり，そのような場合は資金計算書（the Statement of Source and Application of Funds）が有用である[72]。
　収支計算書はチャリティに適切な方法で分析されるべきであり，その分析は利用者がチャリティの収益と費用の差（spread）や特徴について適切な評価を得ることができるべきである。しかし，過度に詳細であるべきではない。さらに，次の項目を示すべきであるとしている。(a)固定資産の除却（disposal）や

実現損益である。このような損益の実現と利用に関するチャリティの方針が説明されるべきである。(b)資金(資源)調達費,(c)広報活動や情報のための費用,(d)管理費,採用された配分の基準,(e)チャリティの活動に直接関連する費用である[73]。

資金計算書とは資源(resources)の源泉と運用の分析を示し,また資金計算書内の相殺の項目は収支計算書で設定されるのと同じ原則に従うべきであるとしている[74]。貸借対照表はチャリティの資産,負債,正味財産(funds)を示すものであり,固定資産を含めるべきである[75]。チャリティの資産と負債は利用者がそれらの廃棄や重要性の適切な評価を獲得できる方法で表示されるべきであるとしている[76]。

上記までの3つの報告書の特徴をまとめれば次のようになる(図表4-1参照)。

■図表4-1　3つの報告書の比較

	財務報告の目的	営利組織会計の導入	発生主義	ファンド会計	財務諸表
Bird and Morgan-Jones レポート (1981年)	意思決定に有用な情報の提供	推奨	推奨	推奨	・貸借対照表 ・収益勘定 ・注記 ・資金計算書 ・資金(資源)残高変動計算書 ・(機能別費用計算書)
討議資料 (1984年)	意思決定に有用な情報の提供	推奨	推奨	推奨	・貸借対照表 ・収支計算書 ・注記 ・資金(資源)残高変動計算書 ・資金計算書
ED, No. 38 (「提案された実務勧告書」) (1985年)	記載なし	記載なし	推奨	推奨	・貸借対照表 ・収支計算書 ・注記 ・資金計算書

6　おわりに

　チャリティ会計について，最初のSORPが1988年に公表された。この公表以前に研究書が3つ—Bird and Morgan-Jonesレポート（1981年），討議資料（1984年），ED, No. 38（1985年）—発行された。これらは1988年の最初のSORPの形成に大きな影響を与えている。そのため，これらの内容をそれぞれ確認し比較を行った。

　チャリティ会計の当時の状況は多様な実務が行われており，その改善が必要であった。このために，チャリティ会計の検討が行われ，チャリティの財務報告の目的や理事者の年次報告書および財務諸表が検討されたのである。そして公表された3つの報告書では，概ね次のような特徴がみられた。①チャリティ会計における財務報告の目的は意思決定有用性に設定されていたこと，②営利組織会計の導入が推奨されていたこと，③発生主義会計の導入が推奨されていたこと，④ファンド会計—拘束性—が推奨されていたこと，⑤財務諸表においては貸借対照表，収支計算書，注記，資金計算書についてはすべての報告書において共通であった。また，3つの報告書に共通ではないが，資金残高計算書，機能別費用計算書の作成が求められていたこと，⑥理事者の年次報告書の作成を行うことである。とくにこの理事者の年次報告書は財務諸表で開示できない情報を含み，チャリティの活動内容をより詳細に示そうとするものである。

　すなわち，最初のチャリティ会計の構築においてはその根本的な部分に営利組織会計が据えられ，営利組織会計では対応しきれないチャリティ特有の会計—ファンド会計—をそこに加味しようとしていたと考えられるのである。

　本書は，3つの報告書の特徴を明らかにし，初期のチャリティ会計の構築がどのような考え方であったのかについて検討した。しかし，この3報告の後に作成されたSORPはどのような内容となっていったのかについての検討は本章では行っていない。この点については次章で検討していきたい。

●注

1 古庄［2002］169頁。
2 Walker［2016］p. 365. SORPについては，その年とパラグラフで示すこととする。
3 SORP 2005 para. 24.
4 SORP 2005 para. 22.
5 Walker［2016］p. 365.
6 古庄［2002］；上原［2010a］を参照されたい。
7 Hyndman and McMahon［2010］p. 456.
8 Connolly, Dhanani and Hyndman［2013］p. 16.
9 Hyndman［1990］p. 295.
10 Connolly, Dhanani and Hyndman［2013］p. 17.
11 ASC［1984］para. 1.
12 Connolly et al.［2015］p. 158；川島［1995］95頁。
　　SORP第1号は「年金制度会計（Pension Scheme Accounts）」であり，当該SORPもASCが独自に開発・発行した。
　　一方，これ以外のSORPはASCによって「承認」されたものか，ASCからASBへ転換した際にASBによって「消極的保証書（negative assurance statements）」を公表されたものである（川島［1995］95頁）。
　　SORPの発行には次の2つの方法がある。①ASCが独自に開発・発行するSORP，②ASCが独自に開発・発行するのではなく，各業界が開発・設定したものをASCが承認し発行されるSORPである（川島［1995］94頁）。
13 本書はチャリティのSORPの成立のための考察を行うことを主目的としていることから，寄付金といったようなチャリティ固有の会計や収益や費用といった個別の項目についてはとくに取り上げていない。
14 Hyndman［1990］p. 295.
15 Bird and Morgan-Jones［1981］Preface.
16 Bird and Morgan-Jones［1981］Preface.
17 チャリティは所得税（income tax），法人税，譲渡所得税の軽減といったような直接税からのさまざまな控除という，社会的に法的な恩恵を享受している（Bird and Morgan-Jones［1981］p. 134）。
18 Palmer and Randall［2002］p. 70.
19 Bird and Morgan-Jones［1981］pp. 11-14.
20 ファンド（fund）の用語について，ASC［1984］では，討議資料で一般に使用される「ファンド（fund）」はチャリティの貸借対照表で表示している合計額（amounts）という特別の意味で使用されており，それは正味財産（netassets）と等しいとしている。とくに示していなければ，「収益（income）」という意味で使用されていない（ASC［1984］para. 6.2）。
21 またパートBも主に第7章から第10章までを取り上げ，必要に応じて他の章を取り上げている。これはチャリティ会計の成立を検討する目的からその他の項目や具体的な財務諸表の詳細な内容は取り上げていない。

第 4 章　英国チャリティ会計の歴史的構築—1988 年 SORP 公表以前—　　91

22　英国の SORP は年次報告書全体の開示規定を網羅する点で米国における財務諸表の作成・表示に係る会計基準とはその性格が大きく異なっている（古庄［2008］13頁，注 3）が，Bird and Morgan-Jones［1981］では，財務報告としていることからここでも年次報告ではなく財務報告としている。
23　AAA［1966］p. 3.
24　ASSC［1975a］para. 1.1：菊谷［2002］20頁。
25　Bird and Morgan-Jones［1981］p. 131.
26　Bird and Morgan-Jones［1981］pp. 147-148.
27　Bird and Morgan-Jones［1981］pp. 147-148.
28　Bird and Morgan-Jones［1981］p. 149.
29　Bird and Morgan-Jones［1981］pp. 180-182.
30　通常の報告書には主たる活動やその性質，財務諸表によって示される重要な変動や将来に予想される変化を含むべきである。また，会社の財務諸表（company accounts）に関して理事者の報告書（directors' report）に通常含まれるべき類似の情報を含むべきである。さらに資金の情報やチャリティの方針，詳細な活動の情報を含むべきであるとも提案し，これは理事者の報告書（annual reports）であるとも述べている（Bird and Morgan-Jones［1981］pp. 180-181）。
31　修正発生主義とは収益の主要な発生は記録されるが，そうでないもの（minor ones）は無視されるとしている（Bird and Morgan-Jones［1981］p. 163）。
32　Bird and Morgan-Jones［1981］p. 163.
33　Bird and Morgan-Jones［1981］p. 122.
34　Bird and Morgan-Jones［1981］p. 23.
35　Bird and Morgan-Jones レポートでは Revenue account や Income and Expenditure account を使用している。当該調査では revenue account は，さまざまな表記—receipts and payments account, Statement of Operations—が使用されていると述べている（Bird and Morgan-Jones［1981］pp. 23-24）。
36　Bird and Morgan-Jones［1981］p. 23.
37　Bird and Morgan-Jones［1981］p. 122.
38　Bird and Morgan-Jones［1981］p. 232.
39　Bird and Morgan-Jones［1981］pp. 190-191.
40　Bird and Morgan-Jones［1981］では当該計算書を「Reporting Movements in Fund Balances」とも述べている。
41　Bird and Morgan-Jones［1981］p. 161.
42　ASC［1984］Preface.
43　チャリティには SSAPs では取り扱っていないチャリティの財務諸表がある。たとえば，ファンド会計，資金調達費を採用する会計方針などである。チャリティは TFV を与えるために SSAPs ではなく，これらの領域のために適切な会計方針や方法を考案する必要がある（ASC［1984］para. 10.6）。
44　ASC［1984］paras. 1.3-1.4.
45　ASC［1984］paras. 4.1-4.7.

46 ASC［1984］paras. 4.10.
47 ASC［1984］では収支計算書（income and expenditure accounts）は収益勘定（revenue accounts）あるいは収支計算書（receipts and payments accounts）として時々，述べられているとしている（ASC［1984］Appendix1, Glossary）。
48 ASC［1984］Appendix1, Glossary.
49 主たる情報利用者は(a)理事者，政府機関及びチャリティの運営管理者，(b)メンバーと寄付者—①個人及び有限責任会社（limited companies）を含む公衆，②助成財団（grant-making trusts），助成法人（grant-making statutory bodies），(c)法定機関—①内国歳入庁（the Inland Revenue），②間接税税務局（the Customs and Excise），③チャリティ委員会（the Charity Commissioners），④内閣府，保健社会保障省（the Department of Health and Social Security），教育科学省（the Department of Education and Science）を含む中央政府機関，⑤地方政府機関，(d)債権者（creditors），(e)受益者（beneficiaries），(f)ボランティア（voluntary workers and employees）である。またその他の利用者‐法律家や会計士といった専門的な分野で関わる人々，研究者や教員，生徒といったチャリティに特定の利益をもたらすアカデミックなコミュニティ，メディア，公衆，あらゆる種類の圧力団体（pressure groups of all kinds），チャリティ・エイド財団（the Charities Aid Foundation）も情報利用者としている（ASC［1984］paras. 2.2-2.4）。彼らの情報ニーズについては，(a)は年次報告書で提供されるよりも，頻出する詳細な情報を持っている。現在のメンバーおよび寄付者は彼らが行った寄付金や贈与が何に使用されるのかを知りたがっており，彼らがチャリティを支援し続けるかどうかを決定するための基礎としてチャリティの現在の計画や要請についての情報を必要としている。また，寄付金が適切に適用されるたかどうかを再評価することを望んでいる。潜在的なメンバーや寄付金チャリティの支援を始めるかどうかを判断する情報を必要とし助成を行っている政府部門は彼らが責任を負っている公的資金の使用に関して国会に報告することができる情報を必要とするかもしれない。政府機関は社会全体のためにチャリティに実質的な特権を与えている。チャリティ委員会のような監督機関がこの特権を乱用しないように監督する権力をもち，監督するための情報源の1つはチャリティの年次報告書であるべきである。将来の債権者は，チャリティがいかに信用力があるのかを知る必要があるかもしれない。現在および将来の受益者はチャリティが特定のニーズを満たす立場にあるかどうかを知る必要がある。ボランティアにおけるチャリティの業績についての情報を提供することはその活動に十分に密接に関連すると感じることを確認する方法の1つである（ASC［1984］paras. 2.5-2.10）。
50 ASC［1984］para. 2.11.
51 ASC［1984］paras. 9. 1.
52 ASC［1984］paras. 7.3-7.4.
53 ASC［1984］para. 9.1.
54 ただし，小規模チャリティにとって現金主義会計は誤導しないであろう（ASC［1984］para. 5.9）とも述べており，現金主義会計をすべて否定しているわけではない。
55 ASC［1984］paras. 3.2-3.3.
56 ASC［1984］paras. 3.5-3.7.

第 4 章　英国チャリティ会計の歴史的構築—1988年 SORP 公表以前—　　93

　　しかし，この意見については ED, No. 38 で反対意見が出たことを示していた。多くのコメンテーターは SSAPs がチャリティに適用可能であるという見解を支持しているけれども，修正した形式で適用可能であるとする者や適用できないというものもいる。彼らのうちのかなりの割合が SSAPs は営利組織を考慮したものとして主に発展し，非営利組織に適用可能なガイダンスを発展するための基礎としてそれらを使用しようとすることは不適切であると議論している（ED, No. 38, para. 2.22）。

57　ASC［1984］para. 5.1.
58　ASC［1984］paras. 3.1-3.7.
59　Palmer and Randall［2002］p. 58.
60　ED, No. 38, para. 1.2.
61　ED, No. 38, para. 1.8.
62　ED, No. 38, para. 1.9.
63　ED, No. 38, para. 1.10.
64　ED, No. 38, para. 1.11.
65　ED, No. 38, paras. 26-80.
66　ED, No. 38, para. 26.
67　ED, No. 38, para. 29.
68　ED, No. 38, para. 30.
69　ED, No. 38, para. 35.
70　「the Statement of Source and Application of Funds」の訳出には，田中・原訳［1990］に従っている。田中・原訳［1990］によれば，「資金の源泉と使途に関する計算書」あるいは「資金計算書」と訳しているが，本書では資金計算書としている。ただし，引用についてはこの限りではない。
71　ED, No. 38, para. 31.
72　ED, No. 38, paras. 30-34.
73　ED, No. 38, paras. 49-50.
　　ただし，「管理費」や「資金調達費」はすべてのチャリティに適用可能な正確な定義を行うことは実行不可能であるとしている（ED, No. 38, para. 50）。
74　ED, No. 38, paras. 53-54.
75　ED, No. 38, paras. 58-60.
76　ED, No. 38, paras. 63-64.

第5章

英国チャリティ SORP の変遷と特徴
―英国チャリティ SORP の意義と台頭―

1 はじめに

　1990年にはチャリティの SORP に関する責任はチャリティ委員会の SORP 委員会（the SORP Committee）に移譲された[1]。そのため，これ以後の SORP はこの委員会から公表された[2]。SORP はチャリティの実務指針としての基本原則（underlying principles），会計処理および財務諸表の様式と内容等について規定している[3]。チャリティは，チャリティの取引を提示し説明するために，適切な会計記録を維持する義務を負っている[4]。ただし，SORP に従うことは強制ではなく任意である。しかし，それに従うことによってチャリティの財務諸表には TFV が付与される[5]。

　最初の SORP は1988年に公表されたが，その後1995年，2000年，2015年に改正が行われ公表された。本章では1988年，1995年，2000年の SORP を取り上げている。2015年の SORP はそれまでの SORP と異なり，IFRS の影響を受けていることから，あらためて第7章で取り上げることとする。

　1988年から2000年までの SORP の年次報告書および財務諸表の目的では，「チャリティの理事者の公的なアカウンタビリティ（public accountability）と受託責任（stewardship）に対する理事者の義務を解除（discharge）すること」としている。すなわち，アカウンタビリティの履行をその目的としていることが理解できる。また，1988年の SORP では，年次報告書の目的として「チャリティの適時で定期的な情報を提供することにある。これは報告書の利用者が

チャリティの経営や達成の理解を行うことができ，会計期間のチャリティの取引や財政状態について完全で適切な評価を得ることができること」[6]としている。桜井 [2018] では，受託者は「受託資金の管理・運用の状況とその結果としての経営成績を自発的に報告する動機を有する」[7]とし，「委託者は受託者による管理の誠実性と事業遂行能力に着目し，その判断のための基礎として，会計報告を要求することになる」[8]としていることから，1988年のSORPの上記の目的はアカウンタビリティの履行を求めたものであるといえる。しかし，前章で検討したように，1988年のSORP以前は意思決定に有用な情報の提供を年次報告書の目的としていた。

本章では1988年のSORPから2005年までのSORPはどのような歴史的変遷を辿り，どのような特徴を持っているのかについて明らかにしている。このことは英国チャリティ会計がどのように構築されてきたのかを理解できることにつながると考える。

2　1988年 SORP（SORP1988）—『チャリティの会計（*Accounting by Charities*）』—

2.1　SORP1988に対する社会的認識と会計の規定

1988年，ASCはSORP第2号『チャリティの会計（*Accounting by Charities*）』（以下SORP1988とする）を公表した。これはチャリティに関する最初のSORPであり，その存在は草分け的なものであった[9]。当時のSORPは会計規制の制定の新しい手段であり，特定の産業やセクター内で首尾一貫した会計の取扱いのために会計と報告の勧告（recommendations）を行うものであった。それらは特定の産業やセクターに普及している特定の要因や行われた取引を考慮すれば，会計基準や他の法律，規制要請を補足するものであった[10]。

当該SORPは第4章で取り上げたBird and Morgan-Jonesレポートで明らかになった財務報告書の欠陥に取組み，チャリティ間に統一した枠組みを提供しようとしたものであった[11]。しかしSORP1988では「当該SORPはチャリティが委託された資源や行った活動について毎年報告するべきであるという勧

告を行っている。勧告は強制的ではないけれども，チャリティはSORPに従うことが奨励され，チャリティが行ったことを財務諸表で述べることを奨励している。その勧告は重要でない項目に適用する必要はない」[12]としている。すなわち，SORP1988では委託された資源に対する報告を行うことをチャリティに奨励しているが，SORPの適用については任意であるとしているのである。そのため，その準拠性についてはチャリティに大きな影響を与えるものではなかった[13]。

SORP1988を設定するASCの目的は，①チャリティによる財務報告（financial reporting）の質を改善すること，②チャリティの年次報告書および財務諸表（annual report and accounts）の作成のための責任を負う人々を支援することであり，これらのことにより，会計の実務および表示における現在の多様性が減少するであろうとしている[14]。SORP1988の範囲は大学（Universities）以外であり，構成，規模，複雑性に関わらず，英国およびアイルランド共和国にあるすべてのチャリティに適用可能である。しかしながら，SORP1988のいくつかはすべてのチャリティに適用可能でないこともある。ASCは，小規模チャリティについては『チャリティの会計：小規模チャリティのガイド（*Accounting by Charities : a Guide for the Smaller Charity*）』を発行している[15]。

このSORP1988の構成は，次の通りである。

Part 1―注記（explanatory note）（paras. 1-7）
Part 2―用語の定義（paras. 8-14）
Part 3―推奨する実務（recommended practice）
　推奨の範囲（para. 15）
　年次報告書（paras. 16-20）
　法律上および管理上の詳細（para. 21）
　理事者の報告書（paras. 22-23）
　財務諸表（para. 24）
　ファンド会計（paras. 25-31）
　会計方針（paras. 32-34）
　任意の収益（voluntary income）（paras. 35-44）
　投資に関する損益と固定資産（paras. 44-49）
　その他の収益（para. 50）

固定資産の会計（para. 51-55）
　　　その他の費用（expenditure and costs）（paras. 56-57）
　　　収支計算書（Income and Expenditure Account）（paras. 58-62）
　　　資金の源泉と使途に関する計算書（the Statement of Source and Application of Funds）（paras. 63-65）
　　　貸借対照表（paras. 66-69）
　　　関連チャリティ（connected charity）（paras. 70-71）
　　　子会社および関連会社（paras. 72-73）
　　　その他開示項目（paras. 74-82）
　Part 4―英国とアイルランド共和国の法的要請に関する注記
　　　イングランドおよびウェールズ（paras. 85-91）
　　　スコットランド（para. 92）
　　　北アイルランド（paras. 93-94）
　　　アイルランド共和国（paras. 95-96）
　付録-1　チャリティの資源（funds）
　付録-2　財務諸表の様式である。

2.2　SORP1988の年次報告書の目的とその内容

　チャリティの年次報告書の目的はチャリティの適時で定期的な情報を提供することにある。これは報告書の利用者がチャリティの経営や達成の理解を得ることができ，会計期間のチャリティの取引や財政状態について完全で適切な評価を行うことができるからである。SORP1988は年次報告書の形式や内容に関する推奨および報告書に含められる財務諸表の作成方法に関する推奨と同時に[16]，SORP1988からの離脱（departure）についても年次報告書で開示され説明されるべきであるとしている[17]。

　そして，年次報告書（annual report）の内容について次を提供するべきであるとしている[18]。

> (a) 法律上および管理上の詳細――これらの詳細はチャリティの構成上に関する背景の情報を提供する。
> (b) 理事者の報告書あるいは同様の計算書――この報告書はチャリティに関する記述や，いかにチャリティが経営されたか，財務諸表で示される数字に関するコ

> メント等を含んでいる。
> (c) **財務諸表および注記**—財務諸表がチャリティの活動と資源に関するものであり，それは貨幣的手段で表示される。財務諸表が監査された場合，それらに関する監査人の報告書を含む。

　このように年次報告書は法律上および管理上の詳細，理事者の報告書あるいは同様の計算書，財務諸表および注記の3つの部分から構成されている。法律上および管理上の詳細のいくつか，あるいはすべては理事者の報告書あるいは財務諸表の注記で簡単に提供され得ると考えられている[19]。理事者は年次報告書の作成の責任を負っており，それ故に財務諸表の形式や内容の責任を負っている。彼らは報告書が正式に認められ採用されることによってその責任が解除されるべきであるとしている[20]。

　それぞれの内容の詳細なものは，次の内容となる。

> (1) 「**法律上および管理上の詳細**」
> 　年次報告書で提供される法律上および管理上の詳細は次の情報を含むべきである[21]。
> 　(a) チャリティの統治方法あるいは法的地位の性質の表示である。もし可能であるなら，チャリティの登録数や会社登録数が提供されるべきである。
> 　(b) 理事者の氏名および任命団体，管理委員会（management committee）のメンバーやチャリティの主要オフィスの名前
> 　(c) チャリティの主要な住所あるいは登録された住所
> 　(d) 他の関連組織あるいは人の氏名と住所[22]
> 　(e) チャリティの運営方法に関連する制限[23]
> (2) 「**理事者の報告書**」—ナラティヴ部門（main narrative section）
> 　理事者の報告書は主なナラティヴ部門を含み，内容は次の項目である[24]。
> 　(a) チャリティの目標の説明とチャリティが組織化される方法の記述である。これら目的を達成しようとするために採用される政策もまた説明されるべきである。最後の報告書から目的，組織あるいは方針にかなりの変更があれば，これもまた明確にされるべきである。報告書のこの箇所の目的はチャリティが何を達成しようとし，いかにそれを行っているかについて説明することにある。
> 　(b) その年のチャリティの発展，活動，達成の報告である。この報告はチャリ

ティの発展と達成に関して最新のものを読み手にもたらすべきである。それはまたその年に生じた重要事項を説明するべきであり，いかにチャリティがそれらに対応したかを説明するべきである。この部分でチャリティの有効性を読み手が判断することができる情報が一般に提供される報告書である。
(c) チャリティの取引や財政状態や財務諸表の顕著な特徴の説明の報告である。この報告により読み手は財務諸表で開示された損益（surpluses or deficits）の重要性やチャリティの資産が保持される目的を評価することができる。とくに，いまだ完成していない計画や，いまだ未払いの債務の継続的な費用項目に関して将来の計画等のコンテクスト（context）の中でチャリティの現在の財政状態を評価する。報告書のこの箇所の目的は財務諸表が適切に解釈されるということを保証するためのものである。

2.3 SORP1988の財務諸表の内容

財務諸表はチャリティの活動と資源に関して貨幣的手段で報告される。それらは次から構成されるとSORP1988では規定している[25]。

(a) チャリティに入手可能な資源を示す収支計算書（Income and Expenditure Account）と，その期間チャリティに生じた費用（expenditure）を示す。この収支計算書によって財務諸表の利用者はチャリティの収益と費用（income and expenditure）の主要な要素について適切な評価を得ることができる[26]。すべての費用（expenditure）は発生（incurred）した時点で収支計算書に含められるべきである[27]。また，寄付された資産の形式での資源収入はすべて一般にそれらが受け取られた時点で収支計算書に含められるべきである[28]。
(b) チャリティの資産，負債，正味財産（funds）[29]を示す貸借対照表。貸借対照表（あるいは注記，以下の(f)を参照）は資源がどのように使用されたか，寄付者によって課された拘束のために，どのように使用されなければならないかの指標を提供するべきである。
(c) チャリティの現金の流れを示す資金計算書（a Statement of Source and Application of Funds）である。当該計算書の目的はチャリティの現金の動きを示すことにある。いくつかのチャリティは収益と費用に関する情報よりも現金取引に関する情報の方がより意味があると信じている。たとえば，現金ニーズに基づいて資金提供され，彼らの活動はチャリティの目的のために入手可能な資金を主に管理できるからである。この場合，当該計算書は収支計算書よりも

第5章　英国チャリティSORPの変遷と特徴―英国チャリティSORPの意義と台頭―　　101

> より大きな証拠を与える。
> (d)　財務諸表を作成するために使用された会計方針の説明。
> (e)　チャリティの多様な資金の変動や状態の詳細。
> (f)　上記に述べられた財務諸表（accounting statements）に含められた情報の説明あるいは拡充や，他の有用な情報を提供するその他の注記である。これは財務諸表の数字の分析を示す注記やその数字間の関連を説明する注記を含む。

2.4　SORP1988の特徴

　当該SORPは既存の営利組織会計の基準をチャリティに主に適用したものであった。一方で，SORPのインパクトはわずかなものであった[30]。SORP1988は小規模チャリティにも適用されている。

　また，チャリティの財務諸表における主要な活動の計算書（activity statement）は収支計算書であった。これは非営利組織（non profit-making organizations）のために採用された損益計算書（profit and loss account）であったが，複雑なチャリティの活動についての全体的な写像を表示することができなかった。収支計算書は（実質的に資本の変動である）基本財産基金に関する変動を考慮していなかったし，多くの場合，使途限定収入資金（restricted income funds）に関する変動についての報告をチャリティは省略することができた[31]。

　SORP1988は基本的な会計概念にほとんど言及していなかった[32]。多くの場合，SORP1988は裁量を認め，チャリティに適切な方法で表示（presentation）が行われるべきであると強調されていた[33]。それは既存の営利組織に基づいた基準をチャリティに適用したものであった[34]。しかし，その一方で，チャリティの活動を説明するナラティヴ部門を設定し，その中で財務情報だけでなく，非財務情報の開示もまた奨励していたのである。すなわち，チャリティの財務的状況に関する説明だけでなく，チャリティの目的や活動，達成についての情報を含んでいなければならないことを意味していたのである[35]。

　さらに，資金に関する計算書については，資源の源泉と運用の表示に関する意見の相違が存在する。多くのチャリティは，とくに助成金の領域では，資金に関する計算書を不必要なものとする一方で，他のチャリティはSSAPの第10号に構造上，似ている計算書を作成している。さらに少数のチャリティは既存の収支計算書をある程度反映した資金に関する計算書を作成しているが，こ

れらは，資金に関する計算書と収支計算書間で重複が生じている[36]。このように，SORP1988は使用されている会計方針の多様性を排除していなかった[37]。

3 1995年SORP（SORP1995）—『チャリティの会計(Accounting by Charities)』—

3.1 SORP1995に対する社会的認識と会計の規定

1995年にチャリティ委員会によって『チャリティの会計（Accounting by Charities）』（以下SORP1995とする）を公表した。SORP1995は，基本的な会計概念について言及したものであった[38]。このチャリティ委員会の目的はチャリティによる財務報告（financial reporting）の質を改善すること，およびチャリティの年次報告書と財務諸表の作成に責任を負っている人々を支援することである。SORP1995が意図するところは会計実務や表示の現在の多様性を減少することである[39]。

ASBはチャリティ委員会にSORPの発行やASBの実務指針を引き継ぐことを要請し，SORPの草案はチャリティ委員会やチャリティ会計レビュー委員会（the Charity Accounting Review Committee）の専門調査委員会（working party）によって行われた。

SORPはASBの実務指針と一致したものであり，当時の会計実務に受入可能であり，また既存のあるいは当時予期される会計基準と競合するとはみられないことから，ASBはSORPとしての発行を認めたのである[40]。

しかし，当時のSORPは多くの共通した誤解があった。たとえば，SORPは「1つの勧告された」実務であり，それ故に従う必要はないといった意見や，特定のチャリティはチャリティ委員会に登録されておらず，それ故にSORPと一致する必要はないといった意見などである[41]。

現金収支計算書（a Receipts and Payments Account）の作成を選択する小規模チャリティを別とすれば，財務諸表の表示における理事者の主要な義務はチャリティの資源収入（incoming resources）と資源の運用についてTFVを与えることである[42]。しかし，当時の登録チャリティの約85％以上が小規模チャ

リティであったことから，伝統的な現金収支計算（receipts and payments basis）に基づいて報告することを選択でき，TFVに基づく財務諸表の要請は必然的なものではなかった[43]。

TFVを示す財務諸表を作成する義務を解除（discharge）するために，チャリティの理事者は条件に応じてではあるが，チャリティの環境や財務諸表に関連するASBあるいはその前任者・後任者によって発行された，あるいは採用されたSSAPs, FRSsに定められている基準に従うべきであるとしている。また，十分な判断あるいは説明なしにこれらの基準から離脱する財務諸表は真実および公平ではないと裁判所によって（by a court）認められる場合もあるとしている[44]。

このSORP1995の構成は，次の通りである。

イントロダクション（paras. 1-25）
理事者の年次報告書（paras. 26-30）
会計方針および会計構造（paras. 31-53）
連結財務諸表（paras. 54-68）
SOFA（paras. 69-165）
要約収支計算書（paras. 166-169）
貸借対照表（paras. 170-209）
キャッシュ・フロー計算書（paras. 210-212）
要約財務諸表（paras. 213-222）
スコットランドのチャリティ（Scottish Charities）（paras. 223-236）
北アイルランドの年次報告書チャリティ（paras. 237-239）
アイルランド共和国のチャリティ（para. 240）
付録1：用語
付録3：チャリティの資源[45]
付録4：財務諸表の例

3.2 SORP1995の年次報告書と財務諸表の目的

チャリティの年次報告書と財務諸表の目的は，次の通りである。

> 1．チャリティの年次報告書と財務諸表を作成する目的は，公的なアカウンタビリティと受託責任を負っているチャリティの理事者の義務を解除（discharge）するためである。
> 2．その報告書と財務諸表は次のために行われるべきである。
> (a) チャリティと資金についての時宜的で定期的な情報を提供するべきである。
> (b) 読み手[46]がチャリティの活動と達成を理解することができる。
> (c) 読み手が会計期間内のチャリティの財務的取引および期末の（year-end）資金の状態（position of its funds）について完全で適切な評価をしやすくすることができる。
> 3．SORP はチャリティの年次報告書と財務諸表の形式と内容および作成されるべき方法について勧告（recommendation）を行っている。
> 4．チャリティの多様な資源の管理と関連事項について法的地位の説明が存在し，これは資源が財務諸表内で扱われている方法のためである。
> 5．理事者は現金収支計算書（a Receipts and Payment Account）を作成することを選択した小規模チャリティを除いて，財務諸表を作成する理事者の主要な義務はその期のチャリティの資源収入（incoming resources）と資源の運用について，および期末に資源の状態について TFV を与えることである。勧告が TFV を与えるための義務と矛盾する場合，代替的な会計の取り扱いが必要である。その場合には年次報告書や財務諸表の注記でその理由と予測され得る財務的影響を記載するべきである[47]。

3.3 SORP1995の年次報告書と財務諸表の内容

当該 SORP はチャリティの年次報告書と財務諸表の形式と内容や作成されるべき方法についての勧告を行うものである[48]。

そして，理事者の年次報告書と財務諸表はそれぞれの会計期間に次を作成するべきであるとしている。

> (a) 個別の文書（separate document）―ナラティヴ情報に関する報告書である[49]。
> (b) 財務諸表と注記―これ以外に監査報告書や，その他の財務諸表が付け足されなければならない。

理事者は報告のために法律によって要求された追加的情報を含むべきであり，チャリティの現在の状況を要請および統治に関する文書（governing document）の要請と一致した財務諸表を確認するべきである[50]。

また，法律上および管理上の情報とナラティヴ情報についても理事者の年次報告書に含めるべきであるとSORP1995では記載している[51]。多くの人々が財務諸表を理解していないことを所与とすれば，理事者の年次報告書は実際の財務諸表よりもさらに広く読まれると想定しており，そのために理事者の年次報告書は非常に重要な文書である[52]。

理事者の年次報告書には上記に述べたように次の情報—法律上および管理上の情報，ナラティヴ情報—を含むべきであるとしていることから，以下，それらを説明する。

(1) 法律上および管理上の情報
法律上および管理上の情報は，次の情報を含むべきである。

(a) チャリティの名前
(b) 統治文書の性質の表示
(c) すべてのチャリティの理事者と経営理事者（custodian trustees）の氏名
(d) チャリティの主要あるいは登録されたオフィスの住所
(e) 他の関連組織あるいは人の氏名と住所
(f) チャリティの運営方法に関連する統治に関する文書によって課された特定の制限の詳細
(g) 特定の投資権力と団体（例：統治文書；チャリティ委員会など）の概要
---

(2) ナラティヴ情報
理事者の年次報告書はチャリティが何を達成しようとしたか，いかに行おうとしたかの説明を含むべきであるとし，次の内容を含んでいる[53]。

(a)(i) 統治文書を参照することによるチャリティの目的の説明である。
　(ii) 目的を促進するために採用される方針の要約
　(iii) 過去の報告からの方針の重要な変更およびその理由，あるいは変更なしという報告書

(iv) チャリティが組織化される方法の記述
(b) 当期のチャリティの発展，活動，達成 (achievements) の再検討。この再検討によって読み手は有効性を判断し次を評価することができる。
　　(i) チャリティの全体的な発展，当期に達成することができたもの。理想的にはその見解は統計上の情報（例：達成した便益者の数，チャリティのサービスが何回必要とされたか，提供されたサービスのための単位当たり原価など）による補則
　　(ii) 当期に生じた重要な事象。それが働くチャリティあるいは領域への影響 (affecting)，チャリティの対応
　　(iii) チャリティが無報酬のボランティアあるいは現物寄付（チャリティに無償提供された設備やサービスを含む）のサービスに依存している範囲および財務諸表で評価されない，あるいは説明されない他の無形の収益
(c) チャリティの取引および財政状態の再検討と財務諸表の顕著な特色の説明。この再検討は正確な観点で財務諸表を表現し，その結果チャリティがいかにその目的を達成したのかを容易に理解し，示すべきである。それは読み手が必要に応じて次の内容を評価することができるのに十分，有益であるべきである。
　　(i) いかにチャリティの資源が振り分けられたか，SOFA におけるすべての実質的な変動 (material movements) の重要性
　　(ii) チャリティの資産が維持される目的や財務諸表に示されるものと実質的に異なる場合の見積や評価
　　(iii) 将来の計画やコミットメントに照らして貸借対照表日におけるチャリティの財政状態，とくに費用 (expenditure) の継続している項目，まだ完成していない計画やまだ果していない義務に関連
　　(iv) 財務諸表で開示されるように，チャリティの会計方針の変更理由とその変更の影響
　　(v) 補助金や関連した事業 (subsidiary and associated undertakings) の結果の業績 (performance) がチャリティの統合された (consolidated) 財務諸表あるいはチャリティの財務諸表の注記に含まれる
　　(vi) 投資以外の会計期間に行われる固定資産の再評価の現在および将来の財務諸表への効果
　　(vii) チャリティは財務的にその影響に主要な役割を果たしたとわかる個人，企業 (corporations) の支援，寄付者の分類 (classes of donor) に依存した範囲
　　(viii) 貸借対照表日と年次報告書がサインされる (signed) 日の間に生じたチャ

第5章 英国チャリティSORPの変遷と特徴―英国チャリティSORPの意義と台頭― 107

> リティに影響のある重大な事象の性質（nature）
> (ix) チャリティが特別のプロジェクト，事業の推進を行った場所。この部分の再検討は事業日に関する資金調達（funding）や費用（expenditure）の累積数値（cumulative figures）を与えるべきであり，それを遂行するために必要とされる追加的コストの見積もりや日数
> (x) チャリティによって行われた投資は理事者に入手可能な権力と一致して獲得
> (d) 資金毎の基準に基づいて（on fund by fund basis）承認する，あるいはチャリティの義務を果たすためにチャリティの資産が入手可能であること。

(3) 財務諸表の構造

財務諸表はチャリティの活動と資源に関して貨幣的手段で報告される。それらは次から構成される[54]。

> (a) **財務活動計算書**（SOFA）―チャリティに入手可能なすべての資源とすべての費用（expenditure）を示し，資源のすべての変動の計算を示すことにある。
> (b) **個別の要約収支計算書**（separate Summary Income and Expenditure Account）―チャリティが会社法あるいは類似の法律によって設立されている場合のみ，SOFAに加えて報告される。
> 　ただしある状況ではSOFAは収支計算書と同じものであるが，2つの別の計算書は要求されていない。
> (c) **貸借対照表**―チャリティの資産，負債，正味財産を示している。貸借対照表は寄付者によって課された拘束のため，いかに資源が活用される予定かあるいは活用されなければならないかを一般的用語で説明するべきである。
> (d) **キャッシュ・フロー計算書**―会計と報告基準と一致したものが要求されている。
> (e) **注記**―採用された会計方針を説明する。また上記の財務諸表に含まれる情報の説明や拡大について，あるいは更なる有用な情報の提供のためのその他の注記がある。これは財務諸表の数字を分析し，それらの関係を説明する注記を含んでいる[55]。
> 　前期の会計期間に対応する数字はUK GAAPと一致して財務諸表上で提供されるべきである。現在および以前の会計期間の連続（duration）もまた示されるべきである[56]。

SOFAとは，収益と費用間の区別を行う伝統的な収支計算書に相当するものであり，これはいつもチャリティの活動を説明しているわけではない。チャリティの主要な目的は便益者に便益の提供を行わなければならないことである。チャリティは彼らが提供するサービスのタイプやレベルに影響を与え得る拘束付き収益のかなりの金額を受け取っているため，チャリティのすべての資源金額の変動を考察することが重要である。そのため，単一の計算書（a single accounting statement）としてSOFAが提案されたのである。SOFAはすべての資本的および収益的資源および費用を分析し，チャリティの資源（fund）のすべての変動を計算することを含んでいる[57]。このSOFAの構成について無拘束収入資金，使途限定収入資金，基本財産基金から成っている[58]。

貸借対照表[59]では，基本財産基金，他の使途限定資金，拘束付きとその他の無拘束収入資金といった種類等に従ってチャリティの資源（fund）を区分している[60]。キャッシュ・フロー計算書はすべての「大規模」チャリティに対するFRS第1号の要請である。この目的は会計期間にチャリティに発生したおよび費消した現金を示すことにある[61]。

3.4 SORP1995の特徴

SORP1995はかなり規範的なものであり，この傾向はこれ以後続いている[62]。たとえば，SORP1988は投資評価についてとくに言及していない。つまり，多くの評価方法の採用を理事者に認めていた。一方で，SORP1995は投資については時価で貸借対照表に示すことを要求している[63]。このことはSORP1988で認められていた理事者の裁量が減少したことを示している。

会計実務や表示の首尾一貫性の改善や多様性の減少のために，SORP1988で認めていた代替的取り扱いの多くをやめることが望まれた[64]。Pianca [1999]によればチャリティの収支計算書は販売業務のために元々設定されたという事実によるとしている[65]。そのため，SORP1995は貸借対照表や財務諸表の注記とともに，収支計算書の限界を克服するためにSOFAを導入したのである（詳細は第6章で検討する）。SOFAの導入の背景は営利組織ベースの財務諸表はチャリティに完全に適応できないといった批判に対する修正であり[66]，SOFAは営利組織の損益計算書（commercial profit and loss account）に基本的に代替するものである[67]。すなわち，SOFAの導入は営利組織会計の適用からチャリ

ティの財務諸表へと変化したことを示す証左であった[68]。

導入が決定されたSOFAは多欄式（columnar）を採用した。SOFAでは使途限定資金と無拘束収入資金に区別されることと，これらの拘束性に関連して収益と費用を別々に示すことが可能となった[69]。

このSOFAはチャリティの資源（fund）とその運用の全体的な状況や入手可能な資源（fund）について表示し，それは提供できる公益（サービス）を表示することにつながった[70]。このことによりチャリティの財務諸表は比較しやすくなった[71]。

また，チャリティのナラティヴ情報の拡大がSORP1988より行われ，かなり詳細な非財務情報が求められている。すなわち，SORP1995は財務情報においても非財務情報においても大きな改変があったといえる。

4 2000年 SORP（SORP2000）—『チャリティの会計と報告書（*Accounting and Reporting by Charities : SORP（Revised 2000)*)』—

チャリティのSORPは2000年に改正され，『チャリティの会計と報告（*Accounting and Reporting by Charities*)』（以下SORP2000とする）が公表されたのである。SORP2000はSORP1995と比較して完全に書き換えられたが，財務諸表の構造に主要な変更はなく，新しい要請もなかった[72]。

SORP2000の目的は，財務報告の質の改善であり，チャリティの年次報告書と財務諸表作成の責任者を支援することである。その意図は，当該SORPが会計の実務と表示の多様性を減少することにあり，例外的なチャリティを除き発生主義に基づいて作成するチャリティは，TFVを与える財務諸表のために適切に（in order）当該SORPに従うべきである[73]とSORP2000では述べている。当該SORPは，規模，構造あるいは複雑性に関わらず英国とアイルランド共和国のすべてのチャリティに適用することを意図している。それはTFVを与える発生主義に基づいた財務諸表の作成のための基礎を与えるものであり，他のケース—たとえば，現金収支計算書（Receipts and Payments Accounts）の作成—といった勧告もまた行っている[74]。すなわち，チャリティの理事者は発生

主義に基づいた財務諸表を作成し，彼らの主要な義務は，その年のチャリティの資源収入（incoming resources）や，資源の目的に対する適用（application）とその年の末尾における事象の状態についてTFVを与えることである。当該SORPの勧告に従うことがTFVに反する場合には離脱することができ，代替する会計の取り扱いを採用するべきであるとしている[75]。

SORP2000の構成は，次の通りである。

> ASBの表明（statement）
> チャリティSORP2000の発展
> イントロダクション（paras. 1-25）
> 理事者の年次報告書（paras. 26-32）
> 一般原則（paras. 33-55）
> SOFA（paras. 56-180）
> 貸借対照表（paras. 181-271）
> キャッシュ・フロー計算書（paras. 272-276）
> 会計方針の開示（paras. 277-291）
> 要約財務情報と財務諸表（paras. 292-297）
> 特別部門（para. 298）
> 子会社との連結（consolidation of subsidiary undertakings）（paras. 299-319）
> 協会，ジョイント・ベンチャーおよび共同契約（associates, joint ventures and joint arrangements）（paras. 320-330）
> 英国のチャリティ会社に関連するSORP（paras. 331-343）
> 小規模チャリティの会計（paras. 344-358）
> 付録1：用語
> 付録3：チャリティの資源[76]

4.1 SORP2000の年次報告書と財務諸表の目的

SORP2000によれば，チャリティの年次報告書および財務諸表の目的は，公的アカウンタビリティ（public accountability）と受託責任（stewardship）に対する理事者（trustees）の義務を解除することにある[77]。この目的のために当該勧告が行われたが，チャリティの理事者は寄付者，受益者，公衆[78]にチャリティの活動や達成のより大きな理解（greater insight）を与えるために追加的

な情報を提供することを考慮するべきであるとし、SORP2000はチャリティがさらなる情報を提供することを推奨しているのである[79]。

そして、SORP2000では、年次報告書と財務諸表によって次のことができるようになるべきであるとしている[80]。

> (a) チャリティとその資源に関する時宜を得た定期的な情報を提供するべきである。
> (b) 読み手がチャリティの目的、構造、活動、達成を理解することができる。
> (c) 読み手がその年のチャリティの財務的取引とその会計年度の資金の状態(position of its funds)の適切な評価できる。

4.2 SORP2000の年次報告書と財務諸表の内容

すべてのチャリティの理事者は、年次報告書と財務諸表の作成の責任を負っており、それぞれの期間に関して次のものを作成するべきであるとしている。

> (a) ナラティヴ情報に従って、チャリティが行おうとしている事やどのように行ったかについての報告書である。報告書の一部として関連して法上および管理上のチャリティの詳細を含む計算書である。
> (b) SORP2000に一致した財務諸表および注記[81]

理事者の年次報告書には上記に述べたように次の情報—法律上および管理上の情報、ナラティヴ情報—を含むべきであるとしていることから、以下、それらを説明する。

(1) 法律上および管理上の情報

法律上および管理上の情報は、次の情報を含むべきである[82]。

> (a) チャリティの名前
> (b) 統治文書の性質の表示[83]、チャリティの構成[84]、チャリティの登録数、企業登録数(company registration number)
> (c) (i) チャリティのすべての理事者と経営理事者(custodian trustees)の氏名

(ii) チャリティの他の理事者と経営理事者（custodian trustees）の氏名
　　　(iii) 理事者の任命あるいは選挙の方法
　　　(iv) 複数の理事者を指名する権利のある人あるいは団体の名前
　　　(v) チャリティの理事者の会社の場所，それを運営する管理者あるいはその他の人の名前
　(d) チャリティの主要あるいは登録されたオフィスの住所
　(e) 他の関連組織あるいは人の氏名と住所
　(f) できれば，チャリティの運営方法に関連する統治文書によって課された特定の制限の詳細
　(g) 特定の投資権力と団体（例：統治文書：チャリティ委員会など）の概要

(2) ナラティヴ情報

　その内容は，(a)チャリティの目的，(b)組織構造およびどのように意思決定が行われたか，チャリティと関連当事者等（related parities）との関係，(c)チャリティの活動のレビュー（過去の重要な変化，発展と達成を含む）および当期の活動に影響する事象や将来計画，ボランティアの貢献へのコメントや資金調達活動の有効性，(d)チャリティの方針，(e)資金不足に対する説明と採用された行動の説明，(f)主要なリスクの識別とリスク軽減のためのシステムの確認であるとしている[85]。

(3) 財務諸表の構造[86]

- **SOFA**—すべての資源収入（incoming resources）とすべての消費資源（resources expended）を示し，資源のすべての変動を計算するものである。単一の計算書から構成され，チャリティが複数の資源を管理している場合，多欄様式（columnar form）で表示されるべきである。
- **個別の要約収支計算書**—1985年の会社法に基づいて登録されているすべてのチャリティ会社については財務諸表に収支計算書を含めなければならない[87]。
- **貸借対照表**—認識された資産，負債，異なる区分の正味財産を示す。
- **キャッシュ・フロー計算書**—必要であれば，会計および報告基準に一致して作成される
- **注記**

第 5 章　英国チャリティ SORP の変遷と特徴—英国チャリティ SORP の意義と台頭—　　113

　SOFA は一会計期間におけるすべての資源収得と資源費消を示すとともに，すべての資源の変動額を計算するものである[88]。この SOFA はチャリティがその活動を行う際に受益者（beneficiaries）に対して便益を提供するために，資源を外部からどのように受入れ，どのように利用したかを表示することを目的としている[89]。

　SOFA は資産に関する資本利得と損失（capital gains and losses）を含む資源の純インフローあるいはアウトフローがあるかどうかを示し，チャリティの資源におけるすべての変動額を計算している[90]。SOFA において，チャリティの収益資源と費消された資源が分析されなければならない。その結果，読み手は資源がどこから生じ，その資源を何に費消したかについて理解できるようになる。

　そのためにも，最低限，無拘束収入資金，拘束収益資金，基本財産基金を区別しなければならない。チャリティの収益資源と消費資源のすべてはこれらに分類するが，チャリティは必ずしもこれら 3 つのタイプを保持しているわけではない。しかし複数の資源を保持している場合，区分の異なる資源の変動とすべての資源の変動の合計額を多欄式によって示すべきであるとしている[91]。また，それぞれの欄は移転前の純収入／支出の資源を示すべきであり，すべての移転資源は個別に示し相殺されることなく総額を示すべきであるとしている[92]。

　貸借対照表は資産から負債を控除した金額である「正味財産（fund）」とし，これをさらに「無拘束資金」と「拘束資金」および「基本財産基金」に区分するとしている。この区分はチャリティに対する資源提供者の意図に応じたものである。チャリティの貸借対照表は縦型様式（vertical format）と多欄様式（columns format）—資源の 3 つのタイプ（無拘束収入資金，使途限定収入資金，基本財産基金）—の 2 様式が提示されており，前者は資源の合計金額が表示され，後者は各資源からいかなる資産にどれだけ運用されているかが判明する[93]。

　財務諸表は UK GAAP に対応し，以前の会計期間で対応する数値が財務諸表上に提供されるべきであり，現在および以前の会計期間の継続が示されるべきである[94]。

　また，管理的情報－たとえば，チャリティの統治システム，チャリティの構成方法，その年のレビュー，財務諸表の静的な特徴（salient features）の説明

を含むことを勧告している[95]が，当該 SORP に基づいて作成された財務諸表は，チャリティの運営に要求される管理上の情報の代わりにはならないと述べている[96]。

4.3　SORP2000の特徴

　SORP2000では財務諸表の構成は SORP1995とそれほど大きな変更はない。ただ，それまでの「チャリティ会計」から「チャリティの会計と報告」にその名称を変更している。Connolly et al.［2015］によれば，著しい変更の1つはこの名称の変更であったと述べている。なぜなら，名称の変更はそれまでの SORP の「チャリティの会計」から理事の年次報告書を強調することを反映しているからであるとしている[97]。

　また理事者の年次報告書には法律上および管理運営上の情報とナラティヴ情報について記載されなければならないが，ナラティヴ情報は質問に答える形式よりも活動や目的に関する情報の提供を奨励している[98]。その内容の要請は SORP1995のナラティヴ情報と比較すると，SORP2000のナラティヴ情報の内容はかなり減少している。

5　2005年 SORP（SORP2005）―『チャリティの会計と報告書（*Accounting and Reporting by Charities：SORP (Revised 2005)*）』―

　2005年に『チャリティの会計と報告書（*Accounting and Reporting by Charities：SORP（Revised 2005）*』（以下 SORP2005とする）が公表された。

　SORP2005の目的は，(a)チャリティによる財務報告書の質の改善，(b)財務諸表で表示された情報の目的適合性，比較可能性，理解可能性を向上すること，(c)会計基準とチャリティ・セクターの適用とセクターの特定の取引に対する明確性，説明，解釈の提供，(d)理事の年次報告と財務諸表の作成のための責任者を援助することである[99]。これまでの SORP では上記の(a)と(d)であったのに対し，SORP2005では(b)と(c)が加えられたのである。すなわち，SORP2005では，その目的が拡大したことが理解できる。

このSORP2005の構成は，次の通りである。

```
ASBの表明（statement）
イングランドおよびウェールズのチャリティ委員会の表明
イントロダクション（paras. 1-40）
理事者の年次報告書の内容（paras. 41-59）
一般的な会計原則（paras. 60-81）
SOFA（paras. 82-243）
貸借対照表（paras. 244-350）
キャッシュ・フロー計算書（paras. 351-355）
会計方針の開示（paras. 356-370）
要約財務情報と財務諸表（paras. 371-379）
特別部門（paras. 380-418）
英国のチャリティ会社に関連するSORP（paras. 419-451）
付録1：用語
付録2：会計基準の適用
付録3：チャリティの資源
付録4：領域
付録5：小規模チャリティの会計
付録6：チャリティ会計レビュー委員会
```

5.1　SORP2005の年次報告書と財務諸表の目的

このSORP2005ではSORPの理事の年次報告書および財務諸表の目的は公的なアカウンタビリティと受託責任（public accountability and stewardship）の理事の義務を解除することにあるとしている[100]。このSORPはこの目的のために勧告された会計実務を設定するが，チャリティの理事者は寄付者，受益者，公衆[101]にチャリティの活動や達成のより大きな理解（greater insight）を与えるために追加的な情報を提供することを考慮するべきであるとしている[102]。

SORP2005の会計上の勧告は規模，構造あるいは複雑性に関わらずチャリティの財務活動や財政状態のTFVを与えるために発生主義会計に基づいた財務諸表の作成を英国のすべてのチャリティに求めている[103]。チャリティの理事者は発生主義に基づいた財務諸表を作成し，チャリティの理事者の主要な義

務はその年のチャリティの資源収入（incoming resources）や資源の適用（application）とその年の末尾に事象の状態についてTFVを与えることである。当該SORPの勧告に従うことがTFVに反する場合には離脱することができ，代替する会計の取り扱いを採用するべきであるとしている[104]。

SORPの会計勧告（accounting recommendations）は現金収支計算書（Cash-based Receipts and Payments Accounts）を使用しているチャリティには適用されない[105]。

SORP2005における重要な論点の1つは，チャリティの目標に対する諸活動およびその達成状況の報告をこれまで以上に強調したことであり，新たな開示要求を拡充するものであった[106]。

5.2 SORP2005の年次報告書と財務諸表の内容

SORP2005では年次報告書と財務諸表によって次のことができるようになるべきであるとしている。

(a) チャリティとその資源に関する時宜を得た定期的な情報を提供するべきである。
(b) 読み手がチャリティの目的，構造，活動，達成を理解することができる。
(c) 読み手がその年のチャリティの財務的取引とその会計年度の資源の状態（position of its funds）について完全で適切に評価できる[107]。

SORP2005の年次報告書は，次から構成されている[108]。

(1) チャリティとその理事者および助言者の経歴と職務上の任務[109]
(2) 構造，ガバナンスおよび運営機構
(3) 目標および活動
(4) 達成状況および業績
(5) 財務的概況
(6) 将来期間の計画
(7) その他の受託会社として保持されている資源

(1)は，チャリティの理事者や助言者の名前や登録されている住所である。(2)はチャリティの構成や組織構造理事者の氏名やチャリティの意思決定プロセス

第5章　英国チャリティSORPの変遷と特徴―英国チャリティSORPの意義と台頭―　117

の理解に関連するものである。(3)はチャリティが設定している目的，目的達成のために従事した戦略や活動内容である。(4)はチャリティの達成の理解や評価，その年に受けた補助などである。また，設定している目的に対する業績のレビューであり，達成や業績に関する質的および量的情報の提供を求めている。(5)はチャリティの財政状態や補助金，その年に採用した主要な財務上の管理方針の説明である。(6)は主要な目標を含む将来の計画である。(7)はチャリティあるいは理事者が受託会社として活動し，その資産チャリティの名称や目的等である[110]。

　このSORP2005はSORP2000までに求められていた内容からかなり拡大した内容となっている。また，チャリティがチャリティ活動や資金調達活動にボランティアを用いた場合，その内容や貢献度を時間等で定量化するなどが求められている。このような内容は財務諸表では表示できない場合は計上しなくていいことになっている[111]。しかし，そのような内容はナラティヴ情報の中で報告できる。

　ただし，ナラティヴ情報については，これまでのSORPでは設定されていた「ナラティヴ情報」としての区分はなくなり，「理事者の年次報告書」の内容の中で報告されることになった。年次報告書のナラティヴの形式は性質や目的，その（財務的）状況や環境，いかにチャリティが構成されているかについての基本的な背景情報についてチャリティにとって新しい読み手に知らせるために設定されている。そこには，その運営および財務的管理政策を説明し，その目的，戦略および目標，その活動や達成あるいは「業績」，これらに影響する外的要因を要約し，最終的には将来の計画を説明するだけでなく「ガバナンス」も含む[112]。

　このナラティヴ情報の項目については，SORP2000ではSORP1995より減少したのに対して，SORP2005ではSORP2000よりも増加している。とくに，「業績（performance）」についての記述が加えられた。SORP1995でも「業績」の報告について求めていたが，あくまでも財務的側面からの業績（たとえば，補助金に対する業績結果）などであった。それに対しSORP2005では，理事者の年次報告書の中で，「達成と業績」の項目があり，そこではチャリティが設定した目的に対して達成した業績についての説明が求められ，しかも質的あるいは量的情報にて活動の結果を評価するために使用されるとし，達成を評価する

ために使用される測定方法の要約もそこに含められるべきであるとしている。年次報告書の利用者がチャリティの達成や受領した補助金の理解や評価ができるためにこれらの情報が含まれるべきであるとしている[113]。

■ 財務諸表の構造

チャリティの発生主義に基づく財務諸表として以下のものから構成されるとしている。(a) SOFA, (b)収支計算書（Income and Expenditure Account）, (c)貸借対照表, (d)キャッシュ・フロー計算書, (e)注記である[114]。

(a) SOFA——すべての資源収入（all incoming resources）とすべての消費資源（all resources expended）を示し, 資源（funds）におけるすべての変動を計上する。SOFAは単一の計算書から構成されるべきであり, チャリティが複数の資源を扱う場合, 多桁式（columnar form）で表示されるべきである[115]。SOFAはチャリティがどのように資源を受領し, 目的のためにそれを使用したのかについての情報を提供している。それはチャリティの効率性を示していない[116]。

(b) 収支計算書——法的に要請されている。ある状況ではSOFAが収支計算書の法的要請を満たしている[117]。

(c) 貸借対照表——チャリティの資産, 負債, 区分の異なる正味財産（fund）の種類（categories）を示している[118]。
　貸借対照表は必ずしもチャリティの富（wealthy）の測定に必要ではないが, 入手可能な資源を示している。それらの資源がどのような形式で得られたか, いかにそれらが異なった基金で保持されているか, 資産の流動性と一般的な支払能力（general solvency）についての情報を提供している[119]。

(d) キャッシュ・フロー計算書——それが必要な場合に, 会計基準と一致させる[120]。

(e) 注記——採用される会計方針（accounting policies）を説明するためのものであり, それに関連する会計上の計算書に含まれる情報の説明あるいは拡大するような他の注記あるいは更なる有用な情報を提供する他の注記である。これは財務諸表の数値を分析し, それらの間の関係を説明する注記を含んでいる[121]。また, 達成と業績について規定している[122]。

5.3 SORP2005の特徴

　SORP2005で求める財務諸表についてはSORP2000とそれほど大きな変更はない。ただ，SORP2005では業績報告に関する包括的な勧告とガバナンスの要請の拡大が含まれていることがその特徴といえるであろう[123]。この点について内閣府（Cabinet Office）はチャリティにおけるパフォーマンスマネジメント（performance management）と，アカウンタビリティの基礎としてのアウトプットとアウトカムにより焦点を当てる必要性があるとしている[124]。ただし，チャリティが行ったこと（アウトプット），達成したこと（アウトカム），どのような違いが生じたか（インパクト）を表示することは財務諸表単独ではできない。なぜなら，チャリティの活動におけるこれらは貨幣的には測定できないからであるとしている[125]。すなわち，非財務情報の必要性について示唆していると捉えることができる。

　SORP2005では，チャリティの主要な目的を説明するための必要性やこれらの目的を達成するための戦略の記述を提供する必要性，その年のチャリティの達成や業績についての質的および量的情報の提供であり，ここには業績を評価するためにチャリティによって使用された手法の要約を含んでいる[126]。また，読み手がボランティアの役割や貢献を理解しやすいような十分な情報の開示など，チャリティの管理，ガバナンス，マネジメントに関するさらなる開示や，将来期間における計画や財務的概況に関する追加的な情報のさらなる開示を提唱している[127]。

　SORP2005は，以前のSORPよりも規範性が強く，チャリティにより設定された目的と具体的な目標を年次報告書の利用者が理解するように支援することを意図している[128]。

　このような英国の年次報告書制度の経緯に対して古庄［2008］では「財務諸表だけでは公衆の情報ニーズを十分に満たすことができないことを会計・開示制度の考え方に据えていることであろう」[129]とし，SORPは財務諸表がその他の源泉から得られた情報により補足される必要性を明確に認識していると述べている[130]（図表5-1，図表5-2参照）。

■図表5-1　SORPの特徴と年次報告書・財務諸表の構成

	TFVに関する規定	離脱に関する規定	Fund会計の規定	発生主義の適用	理事者の年次報告書の構成
SORP 1988	有	有	記載なし	記載なし	・法律上および管理上の情報 ・理事者の報告書あるいは同様のステートメント—主にナラティヴ部門 ・財務諸表および注記
SORP 1995	有	有	有	推奨	・個別の文書—ナラティヴ情報，法律上および管理上の情報 ・財務諸表および注記
SORP 2000	有	有	有	推奨	・ナラティヴ情報に従って，チャリティが行おうとしている事やどのように行ったかについての報告書，報告書の一部として法律上および管理上のチャリティの詳細を含む報告書 ・財務諸表および注記
SORP 2005	有	有	有	推奨	・チャリティとその理事者および助言者の経歴と職務上の任務（reference and administrative details） ・構造，ガバナンスおよび運営機構（management） ・目標および活動 ・達成状況および業績 ・財務的概況 ・将来期間の計画 ・その他の受託会社として保持されている資源（funds held as custodian trustee on behalf of others）

出典：筆者作成。

財務諸表の構成	備考
・収支計算書 ・貸借対照表 ・資金計算書 ・会計方針 ・資源の変動や状態の明細 ・注記	・営利組織会計に基づいた基準が中心 ・理事者の裁量が認められる
・SOFA ・要約収支計算書—チャリティが会社法あるいは類似の法律によって要求されている場合のみ ・貸借対照表 ・キャッシュ・フロー計算書 ・注記	・SSAPs および FRSs の会計基準に従う ・SOFA の導入 ・SOFA に多欄式を導入 ・キャッシュ・フロー計算書の導入
・SOFA ・要約収支計算書—チャリティが会社法あるいは類似の法律によって要求されている場合 ・貸借対照表 ・キャッシュ・フロー計算書 ・注記	・SORP の名称が変更
・SOFA ・収支計算書—スコットランドの非会社型チャリティ（unincorporated charities）および，あるチャリティ会社（charitable companies）に適用され，SOFA が代替する ・貸借対照表 ・キャッシュ・フロー計算書 ・注記	これまでの報告に加えて情報の質や会計基準の妥当性にまで言及するようになっている

■図表 5-2　SORP の目的および年次報告書・財務諸表の目的

	SORP の目的	年次報告書と財務諸表の目的	年次報告書と財務諸表の利害関係者	備考
SORP 1988	SORP の目的としての記載はないが，ASC が当該 SORP を設定する目的として次を定めている ・チャリティによる財務報告 (financial reporting) の質の改善 ・チャリティの年次報告書と財務諸表 (annual report and accounts) の作成責任者の支援	年次報告書―チャリティの適時で定期的な情報を提供することにある。これは報告書の利用者がチャリティの経営や達成の理解を得ることができ，会計期間のチャリティの取引や財政状態について完全で適切な評価を得ることができること	報告書の利用者	SORP 2 は全体的に任意であり，規則によって支えられておらず，セクターによる基準の実務として採用されていなかった
SORP 1995	・チャリティによる財務報告 (financial reporting) の質の改善 ・チャリティの年次報告書と財務諸表の作成責任者の支援	チャリティの理事者の公的なアカウンタビリティ (public accountability) と受託責任 (stewardship) に対する理事者の義務を解除 (discharge) すること	読み手	SOFA の導入→営利組織会計からチャリティ会計へと変化 ・業績とガバナンスの報告書に関する勧告はあまり適用されなかった
SORP 2000	・チャリティによる財務報告の質の改善 ・チャリティの年次報告書と財務諸表の作成責任者の支援	チャリティの理事者の公的なアカウンタビリティと受託責任に対する義務を解除すること	読み手（寄付者，受益者および一般公衆）	・業績とガバナンスの報告書に関する勧告がある
SORP 2005	・チャリティによる財務報告書の質の改善 ・財務諸表で表示された情報の目的適合性，比較可能性，理解可能性の向上 ・会計基準とチャリティ・セクターの適用とセクターの特定の取引に対する明確性，説明，解釈の提供 ・理事者の年次報告と財務諸表の作成責任者の支援	チャリティの理事者の公的なアカウンタビリティと受託責任に対する理事者の義務を解除すること	読み手（寄付者，受益者および一般公衆）	アウトプット，アウトカム，インカムに関する業績情報の必要性を述べている

出典：筆者作成。

6 おわりに

　英国チャリティのSORPは会計の規定のみではなく，チャリティのガバナンスやマネジメントについての記載も求めるようになり，理事者の年次報告書の内容が拡大されてきたことが本章から理解できる。

　英国のSORPは1988年に最初のものが公表され，そこから1995年，2000年，2005年，2015年と改正が行われてきた。これらのSORPの目的はチャリティの財務報告の質の改善と報告書（財務諸表を含む）の責任者の支援にあり，これらの点についてはSORP1988から現在まで一貫している[131]。

　歴史的に見れば，1988年に公表された最初のSORPでは年次報告書の目的は「利用者がチャリティの経営や達成の理解を得ることができ，会計期間のチャリティの取引や財政状態の完全で適切な評価」にあるとし，その後のSORP1995からSORP2005までの年次報告書と財務諸表の目的は「チャリティの理事者の公的なアカウンタビリティ（public accountability）と受託責任（stewardship）に対する理事者の義務を解除（discharge）すること」にあるとしている。

　前章で検討した1981年のBird and Morgan-Jonesレポートや1984年の討議資料の中では，意思決定に有用な情報の提供が重要であると述べていた。意思決定に有用な情報の提供という財務諸表の目的はアメリカにおけるASOBATの考え方が英国のチャリティに影響を与えていたことは前章から理解できた。SORP1988では意思決定有用性については明確には触れていないが，前章の検討からも，意思決定に有用な情報の提供を求めていたと考えられる。一方，SORP1995からSORP2005まではアカウンタビリティと受託責任の解除がその目的として定められている。これらのことから，SORPの歴史的な変遷は(1)チャリティにおけるSORPの目的はそれほど変更されていないこと，(2)1995年当初から一貫して理事者の年次報告書と財務諸表の目的はアカウンタビリティの履行であるとされているといった特徴を持っている。

　また，チャリティSORPの特徴としては(a)規模別の会計を採用，(b)理事者の裁量の減少，(c)財務諸表の構成の変更，(d)業績情報の導入が挙げられる。

　(a)は財務諸表の作成においてSORPは法人格の有無ではなく規模別にその

会計を規定している。具体的には年間収入10万ポンド超のチャリティに対して発生主義会計（accrual basis accounting）を適用することを規定しているが，10万ポンド以下の小規模チャリティは現金収支計算書および簡易な資産負債表を作成する選択権が付与されている[132]。すなわち，これは規模別に会計を適用しようと考えていることが理解できる。

(b)はSORP1988では作成者に裁量が認められていたのに対し，SORP1995以降は規範的なものとなった。SORPの改正とともに，明確性や詳細な技術的ガイダンス，多くの事例をSORPは提供することによって，作成者である会計担当者の裁量性を減少させ，チャリティ実務の多様性の範囲を減少させた[133]。

(c)については，SORP1988で提示していた資金計算書と収支計算書（Income and Expenditure Account）が廃止され，SORP1995からキャッシュ・フロー計算書とSOFAがそれぞれ導入されるようになった。チャリティ会計における資金計算書の意義は非常に重要なものであるとする研究もあり，SORP1988から導入されていた。そのこともあり，計算書の変更はあったが，チャリティ会計における資金計算書あるいはキャッシュ・フロー計算書の意義はそれほど変更していない。またSORP1988ではチャリティの財務諸表における主要な活動の計算書（activity statement）は収支計算書であったが，これは非営利組織（non profit- making organizations）のために採用された損益計算書（Profit and Loss Account）であった。すなわち，財務諸表の構成内容の変更としては，チャリティの活動を反映する計算書としてSOFAの導入があったことと，資金計算書がキャッシュ・フロー計算書に変更になったことが挙げられる。このような変更が何を意味しているのかについては第6章で検討している。

また，(d)は，チャリティの業績評価（performance）についての考え方が採用されてきた。当該情報はSORPでは理事者の年次報告書の中のナラティヴ情報で報告されている。ナラティヴ情報はSORP1988ではナラティヴ部門として記載されており，SORP1995からはナラティヴ情報として報告されることが推奨されている。このナラティヴ情報については，第7章で取り上げている。

第 5 章　英国チャリティ SORP の変遷と特徴―英国チャリティ SORP の意義と台頭―　　125

●注

1　Connolly, Dhanani and Hyndman［2013］p. 17；Connolly et al.［2015］pp. 159．
2　Connolly et al.［2015］p. 159．
3　古庄［2002］169頁。
4　Palmer and Randall［2002］p. 68．
5　SORP2000, para. 2；依田［2004］60頁．
6　SORP1988, para. 1．
7　桜井［2018］7頁。
8　桜井［2018］7‐8頁。
9　Connolly et al.［2015］p. 159．SORP 1988については，ASC［1988］に所収されているものを参照している。
10　Connolly et al.［2015］p. 178, footnote5．
11　Charity Commission「Operational Guide」（以下 OG とする）［2015］。
　　当該ガイドはチャリティ法および SORP の規模別の適用に係る指針である（古庄［2002］176頁, 注5）。
12　SORP1988．
13　Connolly et al.［2015］p. 159．
14　SORP1988, para. 2．
　　ただし，大学（University）は推奨の範囲内に入っていない（SORP1988, para. 3）。
15　しかし，本書では小規模チャリティは検討の対象外としている。
16　SORP1998, para. 1．
17　SORP1998, para. 15．
18　SORP1998, paras. 19-22．
19　SORP1998, para.19．
20　SORP1998, para.20．
21　SORP1998, para. 21．
22　たとえば，銀行，監査人，事務弁護士（solicitors）などである（SORP1988, para. 21）。
23　たとえば，1961年の理事者の投資法（Trustee Investments Act）による制限などである（SORP1988, para. 21）。
24　SORP1988, paras. 22-23．
25　SORP1988, paras. 24, 64．
26　Gambling et. al.［1990］p. 44．
27　Gambling et. al.［1990］p. 47．
28　Gambling et. al.［1990］p. 46．
29　SORP1988によれば，fund は未支出の資源の積立（pool）であり，他に積立とは別に保持されるものである。この fund は2つの種類－拘束あるいは無拘束－に区分される（SORP1988, part2）と定義している。
30　Connolly et al.［2015］p. 159．
31　Pianca［1999］p. 79．
　　使途限定収入資金とは，チャリティの寄付者等が寄付を行う際に，使途を限定した資源

である。
32　Palmer and Randall ［2002］p. 63.
33　Connolly et al. ［2015］pp. 158-159.
34　Connolly et al. ［2015］p. 159.
35　SORP1988, paras. 26-28.
36　Ashford ［1989］p. 48.
37　Ashford ［1989］p. 48.
38　Palmer and Randall ［2002］p. 63. SORP1995は，Pianca ［1999］に所収されているものを参照している。
39　SORP1995, Introduction.
40　SORP1995より。
41　Pianca ［1999］p. 1.
42　SORP1995, para. 5.
43　Pianca ［1999］p. 23.
44　SORP1995, para. 34.
45　本書では，SORP1995は，Pianca ［1999］を参照としているが，ここでは付録2と4の掲載がなく，付録2の内容が不明であった。
46　理事者の年次報告書の利害関係者として，Pianca ［1999］では次の人々であるとしている。①寄付者（grant-makers），②その他寄付者および潜在的な支援者（企業あるいは非企業のチャリティ協会を含む（ただし，信託とは別である）），③便益者（現在および潜在的），⑤チャリティの従業員やボランティア，⑥債権者，⑦関連団体（理事者を推薦する団体を含む），⑧メディア，ボランタリー・セクター，研究者，⑨公衆，⑩規制者である（Pianca ［1999］p. 45）。
47　SORP1995, Introduction.
48　SORP1995, paras. 1-3.
49　SORP1995では，paras. 27-28を参照されたいとしている。
　　当該箇所は，法律上および管理上の情報の内容（para. 27）とナラティヴ情報（para. 28）である。
50　SORP1995, para. 26.
51　SORP1995, paras. 26-28.
52　Pianca ［1999］p. 43.
53　SORP1995, para. 28.
54　スコットランドについては，さらに(f)としてSOFAと要約収支計算書を公表する代わりに，上記の(a)と(b)を推奨するとしている。
55　SORP1995, para. 22.
　　また，スコットランドのみについての計算書については(f)として述べている。
56　SORP1995, para. 23.
57　SORP1995, para. 69.
58　SORP1995, paras. 71-73.
59　英国における営利組織の財務諸表の様式は1981年の会社法で初めて法定された。貸借対

照表は報告式（垂直式）と勘定式（水平式）の2様式のうちいずれかを選択する。両様式の資産の配列は固定制配列であるが、負債の場合は報告式では流動・固定分類が行われるのに対して、勘定式ではそうした区分表示は要求されなかった（田中［1993］60頁）。

60　SORP1995, para. 170.
61　SORP1995, para. 210.
62　Hyndman and McMahon［2010］p. 459.
63　Hyndman and McMahon［2010］p. 459.
64　Connolly and Hyndman［2000］p. 83.
65　Pianca［1999］p. 79.
66　Connolly and Hyndman［2000］p. 83.
67　Connolly et. al.［2015］p. 160；Pianca and Dawes［2009］p. 159.
68　Hyndman and McMahon［2010］p. 458.
69　Connolly et. al.［2015］p. 160；Hyndman and McMahon［2010］p. 458.
70　Pianca［1999］p. 79.
71　Palmer and Randall［2002］p. 84.
72　SORP2000。SORP2000については、Pianca and Dawes［2002］に所収されているものを参照している。
　　この注意事項は①～⑲まである。①追加的な情報について、②セクションはSORPと法律の関連を含んでいること、③ナラティヴ情報について、④個別のファンドに関する会計について、⑤SOFAについて、⑥⑦は収益認識についてである。⑧負債について、⑨⑩は助成金（grants）について、⑪支援費用（support cost）について、⑫経営管理費について、⑬実現／未実現の投資利益について、⑭関連会社について、⑮⑯固定資産について、⑰投資について、⑱小規模チャリティについて、⑲ASBの基準や緊急問題専門委員会の適用書の適用についてである。
73　SORP2000, para. 2.
74　SORP2000, para. 12.
75　SORP2000, para. 9.
76　Pianca and Dawes［2002］では付録2と付録4以降の掲載がなく、付録2および付録4以降の内容が不明である。
77　SORP2000, para. 3.
78　Pianca and Dawes［2002］によれば、利害関係者は次の人々であるとしている。①資源提供者（founders and patrons）、②チャリティ協会のメンバー（チャリティの信託とは別の企業あるいは非企業）、③その他の寄付者（公衆）およびその他の潜在的な支援者、④助成団体（公的／企業、その他のチャリティ）、⑤チャリティの便益者（現在／将来および潜在的）、⑥チャリティの理事者、⑦チャリティの従業員およびボランティア、⑧債権者、⑨関連団体（理事者を推薦する団体を含む）、⑩メディア、ボランタリー・セクター、研究者、⑪規制団体－一般的にチャリティ委員会、内国歳入庁および税務局の場合もある（Pianca and Dawes［2002］p.63）。
79　SORP2000, para. 3.
80　SORP2000, para. 4.

81　SORP2000, para. 26.
　　法律上および管理上の情報はSORP2000のパラグラフ30に，ナラティヴ情報はSORPパラグラフ31に記載されている。
82　SORP2000, para. 30.
83　たとえば，信託証書（trust deed），関連会社（association）の記事等（memorandum and articles），チャリティ委員会の計画，勅許などである（SORP2000, para. 30）。
84　たとえば，有限会社，非法人の団体（unincorporated association）などである（SORP 2000, para. 30）。
85　SORP2000, para. 31.
86　SORP2000, para. 22.
87　SORP2000, para. 335.
88　依田［2004］65頁。
89　依田［2004］65頁。
90　SORP2000, para. 56.
91　SORP2000, paras. 57-58.
92　SORP2000, para. 62.
93　依田［2004］63-64頁；SORP2000, paras. 183-185。
94　SORP2000, para. 23.
95　Connolly and Hyndman［2003］p. 3.
96　SORP2000, para. 3.
97　Connolly et al.［2015］pp. 159-160.
98　SORP2000.
99　SORP2005, para. 2.
100　SORP2005, para. 10.
101　Pianca and Dawes［2006］によれば，利害関係者は次の人々であるとしている。①資源提供者（founders and patrons），②チャリティ協会のメンバー（チャリティの信託とは別の企業あるいは非企業），③その他の寄付者（公衆）およびその他の潜在的な支援者，④助成団体（公的／企業，その他のチャリティ），⑤チャリティの便益者（現在／将来および潜在的），⑥チャリティの理事者，⑦チャリティの従業員およびボランティア，⑧債権者，⑨関連団体（理事者を推薦する団体を含む），⑩メディア，ボランタリー・セクター，研究者，⑪規制団体－一般的にチャリティ委員会（イングランドおよびウェールズ），OSCR（スコットランド），関税局の場合もある（Pianca and Dawes［2006］p.69）。
102　SORP2005, para. 10.
103　SORP2005, para. 3.
104　SORP2005, para. 21.
105　SORP2005, para. 6.
　　活動による収益と費用（incoming resources and resources expended）の分類はすべてのチャリティは発生主義会計（accruals accounts）を作成することを奨励されている。小規模チャリティはこのような情報は小規模チャリティの財務諸表の利用者にとってあまり目的適合的でないように思える場合，法律によってこのアプローチを採用することから

免除される（SORP2005, para. 93）。
106 古庄［2008］5頁。
107 SORP2005, para. 15.
108 SORP2005, paras. 41-59.
109 この「チャリティとその理事者および助言者の経歴と職務上の任務」の内容についてはさらに次の通りであるとしている。(a)チャリティの名前, (b)チャリティの登録番号（the charity registration number）やもし適用可能であるならば会社の登録番号, (c)チャリティの主要なオフィスの住所, チャリティ会社の場合には登録されたオフィスの住所, (d)報告書が認定された日のチャリティの理事者あるいはチャリティのための理事者のすべての名前, (e)問い, 合わせのある財務年度のチャリティの理事者あるいはチャリティのための理事者として働く人々の名前, (f)チャリティの理事者によって委任されたチャリティの管理を行う管理者（Chief Executive Officer）及あるいはその他の上級スタッフメンバーの名前, (g)その他の関連する組織あるいは人々の名前と住所である（SORP2005, para. 41)。
110 SORP2005, paras. 35-59.
111 SORP2005, para. 51.
112 Pianca and Dawes［2009］p. 75.
113 SORP2005, para. 53.
114 SORP2005, para. 30.
115 SORP2005, para. 30.
116 SORP2005, para. 13.
117 SORP2005, para. 30.
118 SORP2005, para. 30.
119 SORP2005, para. 12.
120 SORP2005, para. 30.
121 SORP2005, para. 30.
122 SORP2005, para. 53.
123 Hyndman and McMahon［2010］pp. 459, 464.
124 Cabinet Office［2002］para. 6.11；Hyndman and McMahon［2010］p. 464.
125 SORP2005, para. 35.
126 Hyndman and McMahon［2010］p. 459.
127 Hyndman and McMahon［2010］p. 459.
128 古庄［2008］6頁。
129 古庄［2008］6頁。
130 古庄［2008］6頁。
131 ただし, SORP2005やFRS102SORPでは, これらの目的だけではなく情報の質や会計基準の妥当性にまで言及するようになっている。FRS102SORPについては第7章を参照されたい。
132 古庄［2003］5頁。
133 Hyndman and McMahon［2010］p. 459.

第6章

現在の英国チャリティ会計の起点
―SORP1995における変革―

1 はじめに

　前章でみたように，SORPではチャリティの活動を説明するための情報開示は，理事者の年次報告書において提供され，そこでは財務情報—財務諸表—と，非財務情報—ナラティヴ情報—の提供を奨励している。チャリティSORPの変更とともに，これらの内容も徐々に変更してきている。

　具体的にはSORP1988の資金計算書[1]はSORP1995ではキャッシュ・フロー計算書に置き換えられ，現在に至っている。SORP1988で採用していた収支計算書がSORP1995ではSOFAに置き換えられ，これも現在に至っている。その後，SORP1995はSORP2000へ改正されるが財務報告について際立った変更はなかった[2]。また，SORP1988のナラティヴ部門は，SORP1995以降はナラティヴ情報とされ，その内容が変更されてきた。SORP2005では，チャリティの管理（administration），ガバナンス，運営に関する広範な情報や将来の財務的概観（financial review）や，説明に関する追加的情報を求めるようになり，業績に関する勧告が含まれるようになった[3]。

　これらの変更は，チャリティ会計が営利組織会計志向であった初期のSORP1988から徐々に非営利組織会計（チャリティ会計）への確立を行っているということができるのではないかと考える。そこで本章ではこの点を検討するためにSORP1988からSORP1995への改正に伴って変更になった財務諸表を取り上げる。

Connolly and Hyndman [2000] によれば，SORP1988がSORP1995へ改正された理由は，①会計実務と表示の首尾一貫性を改善し，多様性を減少することを改善するためにSORP1988に説明される代替的な取扱いの多くを除外すること，②資本の維持を強調する営利組織会計（commercial style accounts）がチャリティにとって適切ではないこと[4]としている。

この Connolly and Hyndman [2000] の中では，SORP1995で変更になったキャッシュ・フロー計算書については触れていない。このため，本章ではSORP1988からSORP1995への改正の際に変更となった収支計算書とSOFAだけでなく，資金計算書とキャッシュ・フロー計算書についても取り上げ，チャリティ会計はどのように確立されていくのかについて探ってみたい。

2 資金計算書

資金計算書はSORP1988で取り上げられている。Ashford [1989] によれば，「当該計算書はチャリティによって使用された会計の基本に関するもう1つの窓である」[5]と表現し，当該計算書を重視していた。Connolly and Hyndman [2000] でも，資金計算書の意義は多くのチャリティが現金ニーズをもとに資金を調達しているため，収益および費用に関する情報よりも有用であったと考えられるとしている[6]。しかし，当時，資金計算書は作成されていない場合もあり，また作成されていたとしてもASSCが規定するSSAP第10号の「資金計算書（Statement of Source and Application of Funds）」が作成されていた[7]。チャリティがSSAP第10号の資金計算書を作成していた理由は，ASSCがSSAP第10号を提案していたためである[8]。SORP1988ではこの資金計算書についての意義をあまり述べていないため，本節ではまずSSAP第10号を中心に資金計算書について取り上げたい。その後チャリティにおける資金計算書を取り上げることとする。

2.1 営利組織における資金計算書（Statements of Source and Application of Funds）

英国において資金計算書はASSCによりSSAPに含められた。ASSCは

1975年にSSAP第10号として『資金計算書（Statements of Source and Application of Funds）』（以下SSAFとする）を公表し，基本財務諸表の1つとすることを義務づけた[9]。

SSAP第10号では，当該SSAFは「企業が，財政状態および損益についてのTFVを示すために財務諸表を作成する場合に適用される」[10]とし，TFVのためには必要な財務諸表として位置づけている[11]。SSAFについては「会社に流入した資金の源泉とその使途を示すものでなければならない」[12]とし，その目的は「資金の源泉と使途に関する計算書を監査対象の財務諸表の一部として公表する会計実務を確立し，かつ当該計算書について最小限の開示基準を規定することにある」[13]としている。

SSAFの目的は「会社の資金がどのようにして調達され，どのように使用されているかを明らかにすることである」[14]としている。営利組織会計では投資者が将来の価値創造に関する営利組織の見通しの分析の際に，将来キャッシュ・フローの予測に基礎を置く[15]と考えられることから，資金の調達源泉と使途についての計算書（SSAF）が必要となる。

資金の概念はSSAP第10号では明示されているわけではない[16]。しかし，「流動資産と流動負債の差額」という意味の運転資本を資金概念としている[17]。ASC［1975b］によれば，SSAFの意義は「会社の経営状態をより完全に把握するためには，当年度中における資産，負債および資本の変動額，ならびに，その結果としての，正味当座資金（net liquid funds）[18]の増減を明らかにすることも必要である。かかる情報は損益計算書や貸借対照表によって明らかにされるものではなく，資金計算書を作成することによって初めて明らかとなるものである。」[19]と述べている。また，SSAFは「期首の貸借対照表，当期の損益計算書および期末の貸借対照表を結ぶ連結環（link）の役割を果たすであろう」[20]としている。このことからSSAFの意義は①会社の経営状態を完全に把握するため，および②損益計算書と貸借対照表の連結環にあるといえ，SSAP第10号ではSSAFを損益計算書および貸借対照表と並ぶ基本財務諸表として位置づけていた[21]。

上記で述べたSSAFの目的を果たすために，「会社の営業活動から生み出された資金と営業活動に使用された資金を，長期と短期に区別して明瞭に示し，当座資産に増加があったときはそれをどのように使用したか，また当座資産に

■図表 6−1　SSAP 第10号の資金計算書（SSAF）の事例

資金計算書　　　　　　　　　　　　　　　　　　　　　　　（単位：千ポンド）

	（当年）	（前年）
資金の源泉		
税引前利益	1,430	440
資金の増減を伴わない項目：		
減価償却費	380	325
営業活動から得られた資金	1,810	765
その他の資金		
現金を対価とする株式発行	100	80
	1,910	845
資金の運用		
支払配当金	(400)	(400)
支払税金	(690)	(230)
固定資産の購入	(460)	(236)
	(1,550)	(866)
	360	(21)
運転資本（Working Capital）の増減		
棚卸資産の増加	80	114
売掛金の増加	120	22
債務（税金および配当提案額を除く）の減少（増加）	115	(107)
正味当座資金（net liquid fund）の増減：		
現金残高の増加（減少）	(5)	35
短期投資の増加（減少）	50	(85)
	45	(50)
	360	(21)

出典：SSAP 第10号，付録，例1（田中・原訳［1990］178頁）。

減少が生じたときはその減少分をどのように補充したかを明らかにしなければならない」[22]とし，そして資金の流入と流出を「相殺（netting off）」することは重要な数値の意味を不明にする場合があるため，避ける必要があるとしている[23]。その様式については「SSAFの目的にあったものが用いられなければならない」[24]と定めているのである。

SSAP 第10号の SSAF では当期の利益あるいは欠損をまず示し，それに資金の変動に関連しない項目を加減して，当期の営業活動から得られた資金を算出している。そしてその他の資源を加減し，次いで資金の運用（つまり，使途）について記載し，最後に運転資本の増減を示すという形式である。すなわち，資金の源泉，資金の使途，運転資本の増減の3要素からなるという構造をしている（**図表6-1参照**）。

2.2 チャリティにおける資金計算書（Statement of Source and Application of Funds）

チャリティにおける資金計算書の定義について，SORP1988では「資金計算書（the Statement of Source and Application of Funds：以下 SAF とする）の目的はチャリティの現金の流れを示すことにある」[25]と定義している。また SORP1988では収支計算書と貸借対照表の連結環（reconciliation）であるべきであるとしている[26]。本章での具体的な事例は Ashford ［1989］を取り上げている（**図表6-2参照**)[27]。

当該 SAF は当期純利益（損失）から始まり，それに資金の変動に関連しない項目（たとえば，減価償却費）を加減して，当期の資金を算出している。そしてその他の資金を加減しており，ここまでで資金の源泉を示している。次いで固定資産の購入等によって資金の運用（つまり，使途）について記載し資金のインフロー（アウトフロー）を示している。その次に運転資本の変動を示し，最後に正味当座資金を示している。当該 SAF では現金の変動を示す計算書であることから，最終的には正味当座資金の変動を出し，現金の増加（減少）を示している。このように資金の源泉，資金の使途，運転資本の増減の3要素からなるという構造は SSAP 第10号とほぼ同じであるといえる。

Ashford ［1989］ではこれ以外にも2つの SAF の事例を取り上げているが，いずれも資金の源泉，資金の運用を示していた。ただし，1つの事例では最終的には上記と同じく正味当座資金（net liquid funds）の変動を示していたが，もう1つは資金の源泉と運用を示し，その差額を示してはいなかった[28]。現金を中心として資金を調達するチャリティにとって，SAF は収益および費用に関する情報よりも意味のある計算書であった[29]。

この SAF の表示に関して，多くのチャリティは SAF を不必要であると考

■図表6-2　資金計算書（Statement of Source and Application of Funds）の事例
Cancer Relief Macmillian Fund
1988年12月31日

	1988	1987
資金の源（Source of Funds）	£000	£000
（欠損）／収益マイナス費用	(105)	845
資金の変動に関連しない項目の調整：		
減価償却費	96	86
固定資産の処分に関する損失／（利益）	3	(2)
	(6)	929
その他の資源（Other Sources）：		
固定資産の処分：	32	17
	26	946
資金の運用：		
固定資産の購入：	(121)	(165)
資金の純（アウトフロー）／インフロー	95	781
運転資本（represented by）：		
投資収益：	83	1,055
流動資産の増加：		
債権：	174	441
流動負債の（増加）／減少		
マクミラン（Macmillian）の建物プログラム	(238)	(731)
マクミラン（Macmillian）の助成金プログラム	(1,194)	(301)
債務および未払費用（Creditors and Accruals）	4	(60)
	(1,171)	404
正味当座資金（net liquid funds）の変動：	1,076	377
貯金，銀行および手元現金の増加	(95)	781

出典：Asford [1989] p. 36, 事例9　Cancer Relief Macmillan Fund.

えており，また一方で，SSAP第10号に構造上，類似した計算書を作成している。さらに既存の収支計算書をある程度反映した計算書を作成しており，そのためSAFと収支計算書間で重複が生じ，測定の問題を生じさせる場合も存在していた[30]。すなわち，チャリティ会計では，SSAFあるいはSAFの両方が存在し，これらのいずれかを作成しているか，作成自体をしていないチャリ

ティがあるということである。

3 キャッシュ・フロー計算書

3.1 営利組織におけるキャッシュ・フロー計算書

英国では1990年7月にキャッシュ・フロー計算書（Cash Flow Statements）の公開草案が出され，ここでSSAFに代えて公表するべき財務諸表としてキャッシュ・フロー計算書が提案された[31]。その理由としては，①現金フローは企業価値モデルにとって直接的なインプットとなり得ることから，過去の現金フローは運転資本をベースとした資金フロー・データではできなかったような直接的な役立ちが認められる，②運転資本の変動をベースとした資金フロー・データは企業の存続可能性や流動性に関する変動を曖昧にする，③SSAFは主として2期の貸借対照表における差異をもとに作成される。この計算書はこうしたデータを再構成することはあっても何らかの新しいデータを提供するものではないのに対し，キャッシュ・フロー計算書は新しいデータが含まれる，④現金フローを監視することは企業活動の通常の一面であり，特殊な会計思考というわけではない。このため現金フローは運転資本の変動という概念よりも理解しやすい[32]ということであった。

発生主義会計をベースとして貸借対照表や損益計算書を作成していることから，一会計期間に資金の調達源泉や使途に関しては直接把握できないが，キャッシュ・フロー計算書は間接法[33]で作成されることによって貸借対照表と損益計算書から作成することができる。間接法とは発生主義会計の当期純利益から始まり，収益と収入の食い違い分，および費用と支出の食い違い分を調整することにより，発生主義の利益を現金主義の収支差額へと変換して作成する方法である[34]。キャッシュ・フローの計算における間接法は，当期純利益に減価償却費や負債性引当金の繰入額等をその計算式に組み込むことから，損益計算書項目と貸借対照表項目が使用されていることがわかる。このことは損益計算書と貸借対照表を連結する機能を有しているといえるのである[35]。

3.2 チャリティにおけるキャッシュ・フロー計算書

　チャリティ会計でもSORP1995からSSAF（あるいはSAF）に代えてキャッシュ・フロー計算書の作成を求めるようになった。その必要性はTFVを示すことを意味する財務諸表に対して財務報告基準を適用する必要性（改訂FRS第1号の要請）から生じている[36]。キャッシュ・フロー計算書について，SORP1995ではSOFAや要約損益計算書とともに主要な財務諸表と述べており[37]，1993年のチャリティ法ではキャッシュ・フロー計算書とSOFAの効用は同じであるとしている。一方，Pianca [1999]によれば，キャッシュ・フロー計算書は，会計基準による主要なステータス（primary status）はSOFAと同じではなかったと述べられている[38]。そこで次にキャッシュ・フロー計算書がチャリティ会計の確立へどのような役割を果たしていたのかについて検討してみたい。

　SORP1995では，次のようにキャッシュ・フロー計算書について述べている。キャッシュ・フロー計算書を作成することを要請されたチャリティは当年度あるいは前年度の会計年度に(イ)2.8百万ポンド超の総収益，(ロ)貸借対照表の総額1.4百万ポンド超，(ハ)50人以上の従業員の3つの要件のうち，2つ以上を満たすチャリティ（いわゆる大規模チャリティ）である。その目的は「会計期間にチャリティによって発生したおよび吸収した（受領したおよび使用した）現金を示すことにある」[39]としている。

　SORP1995ではキャッシュ・フロー計算書が作成される場合には次の点に注意しなければならないとしている[40]。

　(1)チャリティは改訂FRS第1号の要請に従うべきである，(2)現金の変動の分析がSOFAで報告されるチャリティの活動と一致すべきである（「事業活動（operating activities）」を報告するための「総額ベース（gross basis）」が多くのチャリティにとって最も適切なアプローチであろう）。基本財産基金に関する流入資金（incoming cash endowments）は事業活動に費消されることができないため，基本財産基金の流入資金は事業活動から除外されなければならない，(3)キャッシュ・フローを生じない取引（たとえば，減価償却費，再評価，未払費用など）や現物の贈与も現金に換金できない場合はキャッシュ・フロー計算書では報告されるべきではない。また，(4)現金の変動を伴わない主要な取引（たとえば上

第6章　現在の英国チャリティ会計の起点―SORP1995における変革―　139

記の(3)のもと，除外された実質的な現物贈与など）は，もし基本的な理解に必要なら，注記で開示されるべきである。(5)現金（および財務的）変動は貸借対照表の期首と期末を連結するべきである。(6)キャッシュ・フロー計算書および注記ですべての項目において比較可能な数字が表示されるべきである。

　改訂FRS第1号では，キャッシュ・フロー計算書の様式を示している。ここでは資金の範囲を現金（手許現金および当座借越額控除後の要求払預金）としている[41]。これらは次の項目に基づいて作成されるべきであるとし，また項目については次のように定めている。(a)事業活動（operating activities）（直接法あるいは間接法のいずれかを使用），(b)投資利益および財務費用（returns on investment and servicing of finance），(c)税金，(d)資本的支出および財務投資（capital expenditure and financial investment），(e)取得および処分（acquisitions and disposals），(f)支払配当金（equity dividends paid），(g)流動資源の管理（Management of liquid resources）[42]，(h)財務（financing）である。

　これらの項目をチャリティの側面からみれば，上記の(a)から(f)までは続けて示さなければならないが，(g)および(h)はそれぞれを小計（sub-totals）で示す場合には合計も認める[43]。ただし，改訂FRS第1号のこの項目のうち，(c)と(f)に関してはチャリティには適用されない。その様式は次のようになる（図表6-3参照）。

　チャリティ会計にキャッシュ・フロー計算書が導入された理由として，Bird [1989] によればSAFは情報に複雑性や混乱性をもたらしており，その省略が期待されているとしている[44]。またさらに，キャッシュ・フローに関して収益と費用と同じくらい重要であるとしながらも，Bird [1989] の調査対象であるチャリティの64％が営利組織会計と同じ損益計算書を作成し，さらにSSAP第10号に従ったSSAFを作成していたとしている。

　すなわち，上記の検討からチャリティにとってSAF（あるいはSSAF）がキャッシュ・フロー計算書へと変更になった背景には，SAFの様式が多様であり統一する必要性があったこと，キャッシュ・フロー計算書は「改訂FRS第1号の要請に従う」という要求があったことであると考えられる。そして，その変更によって次の利点があったと考えられる。①資金概念が運転資本資金から現金資金と明確になった（その範囲が狭められた）。このことはとくに現金ベースで活動するチャリティの情報利用者には理解しやすいものとなった。②

■図表6-3　キャッシュ・フロー計算書

	1997 £000	1996 £000
事業活動からの純キャッシュ・フロー	X	X
投資利益および財務費用：		
ファイナンスリースの賃借料支出の利息相当分（Interest element of finance lease rental payments）	X	X
資本的支出および財務投資		
有形固定資産の購入	X	X
有形固定資産の売却による収入	X	X
有価証券による支出（purchase of investments）	X	X
有価証券の売却による収入（Proceeds from sale of investments）	X	X
資本的支出と財務投資からの純キャッシュ・アウトフロー	X	X
流動資源と資金調達の使用前のキャッシュ・アウトフロー	X	X
流動資源の管理		
短期預金からの引き出し	X	X
財務：		
基本財産基金に関する流入資金（incoming cash endowments）	X	X
ファイナンスリースの賃借料支出の元本部分（Capital element of finance lease rental payments）	X	X
現金の増加／（減少）	X	X
キャッシュ・フロー計算書の注記（Notes to the cash flow statements）		
事業活動からの純キャッシュ・インフローに対する資源変動の調整		
再評価以前の資源の変動	X	X
減価償却費	X	X
有形固定資産処分損	X	X
債権の増加	X	X
債務の増加	X	X
株式の減少	X	X
事業活動からの純キャッシュ・インフロー	X	X

出典：Pianca［1999］p.192.

SAF(あるいはSSAF)が源泉と使途別を中心とする表示区分であったが,キャッシュ・フロー計算書は活動区分へと変更になった。これは,SAF(あるいはSSAF)が現金の変動を示すことを目的としていたのに対し,キャッシュ・フロー計算書は(チャリティの)活動によってどのように現金が生じ,また費消されたのかを示すための計算書であり,だからこそキャッシュ・フロー計算書には多くの活動区分が設けられていたと考えられる。③発生主義会計で財務諸表を作成することは,利益について資金的裏付けがあるわけではない。しかし,キャッシュ・フロー計算書の採用は,その資金的裏付けのある利益が得られる。ただし,チャリティでは利益の獲得を目的としているわけではないが,チャリティにとっての利益は財務的生存力(financial viability)を示すことにつながることから,その開示はチャリティの情報利用者にとっても重要である。④資金計算書と営利組織会計の損益計算書(チャリティ会計の収支計算書)との重複があったがその分離ができるようになったと考えられる[45]。

4 収支計算書(Income and Expenditure Account)

収支計算書(Income and Expenditure Account)はSORP1988で採用されたが,その後SORP1995にSOFAへと変更になった計算書である。この収支計算書についてSORP1988では次のように定義している。

「それはその期間のチャリティに利用可能な資源(resources)とチャリティによって発生した費用を示している」[46]。

SORP1988によれば,次の項目は分析において別々に示されるべきであるとしている。(a)(収支計算書に含めるべき場合は)投資に関する実現および未実現の利得と損失,重要性がある場合は固定資産の売却に関して実現した利得と損失,(b)資金(資源)調達費,(c)宣伝費(publicity expenses),(d)管理費,(e)チャリティ活動に直接関連する費用と助成金を表示することとしている[47]。当該収支計算書の具体的な事例は下記の通りである(図表6-4参照)。

この事例によれば,任意の収益(voluntary income)の内訳は寄付金と贈与,遺贈,契約収益である。収益は任意の収益と受領助成金,投資収益の合計であ

■図表6-4　収支計算書の事例

SORP1988　　　　　　　　　　　　　　Income and Expenditure Account
　　　　　　　　　　　　　　　　　　　　　　　1987年12月31日

	1987		15ヵ月後 1986年12月31日	
	£	£	£	£
収益				
寄付金と贈与（gifts）		7,920		8,942
遺贈		3,416		19,761
契約収益（covenanted income）		15,600		15,500
任意の収益（voluntary income）		26,936		44,203
受領助成金		2,793		2,749
投資収益		414		481
		30,143		47,433
間接費				
資金（資源）調達費	782		656	
宣伝費	534		412	
管理費	1,236		1,471	
		2,552		2,539
収益マイナス間接費		27,591		44,894
チャリティ活動の直接費		30,479		41,684
収益マイナス費用		(2,888)		3,210

出典：SORP1988, 付録2　財務諸表の例より。

り，間接費は資金（資源）調達費および宣伝費，管理費の合計である。そして収益から間接費を差し引いて，最後にチャリティ活動の費用を差し引くことによって収益マイナス費用を計上している（図表6-4参照）。

　上記の図表6-4からわかるように，収支計算書はチャリティの資源の拘束についての表示を行っていない。そのため，チャリティの資源（たとえば寄付金）にどのような制限が課され，どのように使用したのか，現在どのような状況かについての把握ができない。収支計算書では，資源提供者等の拘束を示すためには不十分な計算書であり，資源提供者等の受託責任を示すことを目的とした計算書とはならないことが理解できる。収支計算書はチャリティの財務諸表の主要な活動の計算書（activity statement）と位置づけられていたが，チャ

リティの基本財産基金に関する変動（実際には，資本的変動）を説明することはできない[48]。すなわち，複雑なチャリティの活動をすべて写像することができなかった[49]。このため多くのチャリティに欠損あるいは少額の利益を計上するという「粉飾決算」を許すことになったのである。このため，SOFAが導入されたのである。

5　財務活動計算書（Statement of Financial Activities）

　活動計算書すなわちSOFAは1995年に導入されたが，これは上記の収支計算書の代わりでありチャリティのためにとくに設定されたものである。SORP1995によれば，その定義は「入手可能なすべての資源（resources）と発生するすべての費用（expenditure）を示し，資源（funds）のすべての変動を照合する（reconcile）」[50]としている。当該計算書の中心は「財務的活動」であり，その期間のチャリティの活動すべてを写像（picture）するものである[51]。その目的は営利組織の株主の便益のために利益（gains）を追求するというよりも，むしろ受益者（beneficiaries）への便益（benefits）の提供のためでなければならない[52]としている。

　SOFAと収支計算書の主要な変更点は結果の表示と，とくにチャリティが保持する資源（funds）の拘束の有無による分類である[53]。また，SOFAは無拘束および使途限定収入資金（income fund）の変動だけでなく，基本財産基金（endowed fund）の変動に関する情報を含んでいる[54]。すなわち，SOFAではすべての正味財産および収益の資源と費用を分析するための計算書であり，1つの計算書でチャリティのすべての資源の金額の変動を示すことができるのである[55]。

　SOFAは資源の増加原因として「資源収入（incoming resources）」を示し，資源の減少原因として「消費資源（resources expended）」を示している。そして，その差額を「振替前正味資源収入（net incoming resources before transfers）」として表示する[56]。資源間で振替が行われた場合には「資源間振替額（transfers between funds）」を表示し，「資源の増減額（net movement in funds）」が算出される。これは貸借対照表の「前期繰越資源合計（total funds brought forward)」および「次期繰越資源合計（total funds carried forward）」と対応している[57]。

　SOFAは主要な資源である無拘束収入資金や使途限定資金，基本財産基金間をとくに区別し計上するべきものである。この異なった資源のそれぞれを財務諸表で区別する必要があり，SOFAでは無拘束，拘束，基本財産基金といった各々の欄（columnar）や財務諸表の注記で示している。またSORP1995でも，「チャリティが2つ以上の資源を運営する場合，多欄式の様式にて表示するべきである」[58]とし，また，SOFAは「チャリティによって保持されるか運営される資源のすべての変動の要約を含み，多くの資源を保持している場合，主要な資源の区分（無拘束や使途限定収入資金および基本財産基金）や，その変動や変動の合計額を示すべきである」[59]とも述べ，多欄式の様式を推奨している。このことはSOFAで表示するか，あるいは注記で表示することによってSOFAのすべての欄で比較が表示されることにつながる。

　そしてSOFAが示す最終的なボトムライン（bottom line）は，チャリティの利得／損失（surplus/deficit）としての単一のラインを明確にすることを避けるとしている。チャリティの主要な目的は利益（余剰）の獲得を目的としているわけではなく，チャリティの目的に一致した便益の提供でなければならないからである[60]。すなわち，SOFAは，チャリティ会計が発生主義会計を採用しながらも最終的な利益の計算ではなく，あくまでも資源提供者の拘束を示していると解釈できるのである[61]（**図表6-5参照**）。

6　おわりに

　本章ではSORPの財務諸表のうち，SORP1988からSORP1995で変更になった財務諸表に着目した。具体的には，SORP1988ではSAF（あるいはSSAF）と収支計算書の作成を求めていたが，SORP1995ではそれぞれキャッシュ・フロー計算書とSOFAへと変更になった。それぞれの財務諸表の特徴をみていくとともに，その変更理由について言及した。

　SAF（あるいはSSAF）からキャッシュ・フロー計算書への変更は，SAFの様式が多様であり統一する必要性があったこと，「改訂FRS第1号の要請に従

第6章 現在の英国チャリティ会計の起点―SORP1995における変革―

■図表6-5 SOFA (SORP1995)

	注記	一般資金	指定資金 (Designate Funds)	拘束資金[62] (Restricted Fund)	1997 合計	1996 合計
		£'000	£'000	£'000	£'000	£'000
資源流入（Incoming resources）						
手数料等（Fees and allowance）	2	12,341	23	66	12,429	10,825
寄付金および贈与（Donations and gifts）		1,657	16	267	1,940	2,701
受取遺贈（Legacies receivable）		21	725	-	746	525
店舗の売上（Shops turnover）		2,666	-	-	2,666	2,206
受取助成金（Grants receivable）	3	412	10	756	1,177	716
投資収益（Investment income）	4	35	110	42	186	153
その他の収益（Other income）	5	162	28	0	190	131
資源流入の合計（Total Incoming Resources）		17,294	912	1,131	19,334	17,257
費消資源（Resources Expended）						
直接チャリティ活動費						
地域およびコミュニティサービス（Residential and community services）		9,752	114	466	10,332	9,672
個人および家族向けサービス（Individual and family services）		999	1	139	1,139	849
教育（Education）		2,160	6	33	2,200	1,876
政策および革新（Policy and innovation）		314	2	12	328	313
子供向けサービス（Children's services）		310	-	18	328	231
		13,535	123	668	14,327	12,941
その他の費用（Other expenditure）:						
資金（資源）調達費と広告宣伝費（Fundraising and Publicity）		1,509	2	143	1,654	1,608
店舗費（Shop costs）		2,057	-	-	2,057	1,698
管理費（Management and administration）	6	39	65	-	104	65
		3,605	67	143	3,815	3,371
費消資源の合計（Total Expended）		17,140	190	811	18,142	16,312
振替前正味資源流入（Net incoming resources before transfers）		154	720	318	1,193	946
資源間の振替（Transfers between funds）		(1,078)	1,078	-	-	-
正味（流出）資源流入額（Net (Outgoing)／(Incoming) Resources）		(924)	1,798	318	1,193	946
投資および資産の（損失）／利得（(Loses)／gains on investment and assets）						
実現（Realised）	7	-	(6)	-	(6)	0
未実現（Unrealised）	7	-	72	-	72	108
資源における正味変動額（Net Movement in Funds）	8	(924)	1,865	318	1,259	1,054
前期繰越資源残高（Fund balances brought forward at beginning of year）	18	1,903	3,129	4,033	9,066	8,012
次期繰越資源残高（Fund balances carried forward at end of year）	18, 19	979	4,994	4,351	10,325	9,066

出典：Pianca［1999］pp. 81-82.

う」という要求があったことから行われたと考えられる。この変更によって，チャリティには，①資金概念が現金となったことによる資金概念の多様性の減少，②現金の発生原因と費消原因を明確に示すための活動区分の採用，③チャリティの運営に関して資金的裏付けを示し財務的生存力の提示が可能となったこと，④SSAF（あるいはSAF）と収支計算書の分離が行えることといった利点が得られた。

　また，収支計算書からSOFAへと変更になった。SORP1988ではチャリティの財務諸表における主要な活動の計算書（activity statement）は収支計算書であったとしているが，これは非営利組織（non profit-making organizations）のために採用された営利組織でいう損益計算書（profit and loss account）であると考えられていた。しかし，収支計算書は（実質的に資本の変動である）基本財産基金に関する変動を考慮していない，拘束付きの資源の表示を行っていない，複雑なチャリティの活動についての全体的な写像を表示することができていないといった欠点を持っていた。

　拘束付きの資源はチャリティにとって重要な資源である。資源提供者等の拘束付きの資源をどれだけ受領したのか，あるいは資源提供者等の拘束をどのように果たしたのかを示すことは，チャリティのアカウンタビリティを履行することにもつながっている。そのため，SOFAは資源提供者からの資源の拘束性を示し，アカウンタビリティの履行にとって大きな役割を果たしているといえる。

　また，SOFAにおいて，寄付者等の拘束性に従って表示する様式（多欄式の様式）が採用されたことはチャリティが保持する資源の区別を示すことにつながっている。この資源の区別を行う会計はファンド会計とよばれ，営利組織会計では採用されておらず，チャリティ会計に特有のものである。このファンド会計については第7章で検討している。

　本章で検討したように，SAF（あるいはSSAF）および収支計算書がキャッシュ・フロー計算書およびSOFAへと変更になったのは，チャリティ会計に営利組織会計を導入していた初期のSORP1988から今日のSORPの基礎となっているSORP1995への変更であるといえる。とくに収支計算書からSOFAへの変更は，営利組織会計志向からチャリティ会計独自の会計の確立を意味していると考えられる。

第 6 章　現在の英国チャリティ会計の起点—SORP1995における変革—

●注

1　この計算書についてSORP1988およびSSAP第10号では「The statement of source and application of funds」と表記し，Ashford［1989］では「A source and application of funds statement」と表記している。そのため，前者をSSAF，後者をSAFとしている。
2　Connolly, Hyndman and McConville［2013］p. 60.
　　ただし，財務報告の問題に関する詳細な技術的なガイダンスは増加した（Connolly, Hyndman and McConville［2013］p. 60)。
3　Connolly, Hyndman and McConville［2013］p. 60.
　　SORP1995やSORP2000でも業績やガバナンスに関する報告が求められていないわけではないが不十分なものであった（Hyndman and McMahon［2010］p. 458)。
4　Connolly and Hyndman［2000］p. 83.
5　Ashford［1989］p. 39.
6　Connolly and Hyndman［2000］p. 91.
7　Ashford［1989］の研究によればサンプルのチャリティの29％はSAFを作成しておらず，その3分の2はその理由も付していないとしている（Ashford［1989］p. 39)。
8　Cf. Ashford［1989］。ただし，1991年にASBによって公表されたFRS第1号では資金計算書はキャッシュ・フロー計算書に代わり，その後1996年FRS第1号が改訂される。
9　溝上［2003］297頁。
10　ASC［1975b］para. 9（田中・原訳［1990］175頁)。
11　ただし，売上高または総収益が年間25,000ポンド以下の小企業は当該会計基準書の適用から除く（ASC［1975b］para. 7（田中・原訳［1990］175頁))。
12　ASC［1975b］para. 3（田中・原訳［1990］173頁)。
13　ASC［1975b］（田中・原訳［1990］173頁)。
14　ASC［1975b］para. 2（田中・原訳［1990］173頁)。
15　長谷川［2014］201頁。
16　溝上［2003］310頁，注2。溝上［2003］では，付録として示されている計算書などから運転資本資金計算書を想定しているものと考えられるとしている（溝上［2003］310頁，注2)。
17　洪［2005］160頁。
18　正味当座資金とは「現金預金及び現金同等物（たとえば流動資産として保有する投資）から，当座借越その他期首から1年以内に返済すべき借入金（borrowings）を控除したもの」（ASC［1975b］para. 8（田中・原訳［1990］175頁))と定義している。
19　ASC［1975b］para. 1（田中・原訳［1990］173頁)。
20　ASC［1975b］para. 4（田中・原訳［1990］174頁)。
21　洪［2005］160頁。
22　ASC［1975b］para. 3（田中・原訳［1990］173-174頁)。
23　ASC［1975b］para. 4（田中・原訳［1990］174頁)。
24　ASC［1975b］para. 2（田中・原訳［1990］173頁)。
25　SORP1988, para. 63.
26　SORP1988, para. 65.

27 当該事例はチャリティであるが，SSAP 第10号に従っているものである（Ashford [1989] p. 39）と述べている。
28 Ashford [1989] p. 39. ただし，Ashford [1989] ではこれら3つの資金計算書は独自の（unusual）ものであるとしながらも，資金計算書（fund account）は主要な計算書（key accounting statement）であるとしている（Ashford [1989] p. 39）。
29 Connolly and Hyndman [2001] p. 85.
30 Ashford [1989] p. 48.
31 SSAP 第10号は1991年に ASB によって発行された FRS 第1号（キャッシュ・フロー計算書）に置き換えられた。その後 FRS 第1号は1996年に改訂（以下，改訂 FRS 第1号とする）され，FRS 第25号に修正された。現在，キャッシュ・フロー計算書のトピックス（topics）は新 UK GAAP の下 FRS 第102号のセクション7で公表されている。
32 田中 [1991] 146頁。
33 キャッシュ・フロー計算書の作成方法には，直説法もある。これは，期中の収入額と支出額の総額を記載し，期中における資金の増減を直接説的に明らかにする方法である（桜井 [2018] 112頁）。
34 桜井 [2018] 114頁。
35 倉田監修・著 [2015] 55頁。
36 また，SORP2000でも改訂 FRS 第1号に準拠することになっている。
37 SORP1995, paras. 210-211.
38 Pianca [1999] p. 189.
39 SORP1995, para. 210.
40 SORP1995, para. 212；Pianca [1999] pp. 189-190.
41 一方，米国の財務会計基準書第95号『キャッシュ・フロー計算書（Statement of Financial Accounting Standards No. 95, "Statement of Cash Flows"）』ではキャッシュ・フローの範囲を現金及び現金同等物としている。
42 資金の範囲が現金であることから，現金以外の流動資源を別に管理する必要が生じた結果，キャッシュ・フロー計算書の区分の中に新たに当該区分が含まれることになった（依田 [2004] 67頁）。
43 ASB [1996] Summary, c.
44 Bird [1984] p. 41. Macdonald [1988] によれば，営利組織を対象とした研究を行っており，そこでは資金計算書の欠点は「資金（fund）」の意味が明確ではないということ，「資金計算書」の目的についての統一が行われていないということである。「資金（fund）」は運転資本，正味当座資金，現金などがあり，企業によって異なっているとしている（Macdonald [1988] p. 17）。
45 現在のキャッシュ・フロー計算書は FRS102に基づいて財務諸表を作成するチャリティは FRS102SORP によって認められた開示免除のチャリティを除いて，キャッシュ・フロー計算書を提供しなければならない。キャッシュ・フロー計算書は活動によって発生した現金の使用方法やチャリティによって保持された現金及び現金同等物の変動についての情報を提供する。それはまたチャリティの流動性を評価し，支払い能力（solvency）を理解する際に役立つ情報を提供する（FRS102 SORP, paras. 14.1-14.2）。

第6章　現在の英国チャリティ会計の起点—SORP1995における変革—　　149

　キャッシュ・フロー計算書はより大規模チャリティがFRS102セクション7を参照して作成することを求めており，3つの標準的な項目 - 事業活動（operating activities），投資活動（investment activities），財務活動（financial activities）を使用しキャッシュ・フローを分析しなければならない（FRS102 SORP, para. 14.6）。

46　SORP1988, para. 24(a)。
47　SORP1988, para. 58.
48　Pianca［1999］p. 79.
49　Pianca［1999］p. 79.
50　SORP1995, para. 22(a)。
51　Pianca［1999］p. 79.
52　SORP1995, para. 69.
53　Pianca［1999］p. 80.
54　Pianca［1999］p. 113.
　ただし，SORP1995の下で，基本財産基金の変動がないチャリティはFRS3「財務的業績報告書（Reporting Financial Performance）」に一致するために収支計算書を省略し，代わりにSOFAを作成した。SOFAは1つの計算書で収益と資本の活動（revenue and capital activities）を写像（picture）するために設定されたものである。基本財産基金の変動がない場合は収支計算書を省略するという選択権を手に入れられる（Connolly and Hyndman［2001］p. 80）。
55　Connolly and Hyndman［2000］p. 93.
56　依田［2004］65頁。
57　Connolly and Hyndman［2000］p. 93.
58　SORP1995, para. 22(a)。
59　SORP1995, para. 80.
60　Pianca［1999］p. 85.
61　また，SORP2005からSORP2015では項目（headings）が変更された。それらは「平易に（plain）」改められ，比較する金額（comparatives）がSOFAで開示されているすべてのファンドに要求している。また，その数を減少させた。たとえば，「任意の収益」は「寄付金と遺贈」となった。ここには助成金（grants），寄付された財（donated goods），実質的な寄付金となる会費（membership subscriptions）や後援金（sponsorships）を含んでいる。また，「費消された資源（resources expended）は「費用（expenditure）」とし，3つの簡潔な項目—「資金調達」，「チャリティ活動」，「その他」—とした。ガバナンス費用は支援コスト（support costs）の部分として注記によって開示されることになった。費用の見出しは財務諸表の利用者が活動に基づいた収益に関連して理解できる点が考慮されている（Deloitte［2014］p. 2）。
62　ファンドの区分に関しては，チャリティによって異なっている場合がある。無拘束収入資金と使途限定収入資金，基本財産基金となっている場合や，無拘束収入資金と使途限定資金の二区分の場合もある（Pianca［1999］pp. 83-84, 90-91）。

第7章

現在の英国チャリティ会計
(FRS 102SORP)
—『チャリティの会計と報告書（*Accounting and Reporting by Charities: SORP（FRS 102）*）』—

1 はじめに

　英国では2014年に2つの新しいSORPsが公表された。チャリティ委員会とスコットランド・チャリティ監督局（Office of the Scottish Charity Regular：以下OSCRとする）[1]がFRS102SORPとSORP（FRSSE）を公表した。2015年1月1日以降に開始する事業年度から適用される。前者は「チャリティの会計と報告書：英国とアイルランド共和国に適用可能な財務報告基準と一致する財務諸表の作成の際にチャリティに適用可能な会計実務勧告書」と題した「チャリティSORP（FRS102）」であり、後者は「チャリティの会計と報告書：小規模企業に対する財務報告基準書（FRSSE）に一致した財務諸表を作成するチャリティに適用可能な実務勧告書（*Accounting and Reporting by Charities: Statement of Recommended Practice applicable to charities preparing their accounts in accordance with the Financial Reporting Standard for Smaller Entities*）」である[2]。これは、チャリティのSORPにIFRSの導入による改変を求めたことによる。このことは営利組織会計と非営利組織会計に単一の財務報告基準としてPBRを含むFRS102が定められ、その報告基準を補足する実務指針としてチャリティに適用するFRS102SORPが求められていることを意味している。

　FRS102SORPとSORP2005と異なっている点は、SOFAの項目が簡便になったことや、モジュール方式が採用されたことである。また、それ以外に、これまでのSORPと大きく異なっている点は、FRS102SORPの理事者の年次報告

書と財務諸表の目的が，受託責任の履行だけではなく，意思決定に有用な情報の提供について触れている点である。

そこで本章では，このFRS102SORPを中心として，IFRSからSORPに与えられる影響とFRS102SORPの特徴を述べるとともに，FRS102SORPで定められているチャリティに特有の会計であるファンド会計やナラティヴ情報についても取り上げ，FRS102SORPが定めた理事者の年次報告書と財務諸表の目的を履行できるかどうかについて検討する。

2　FRSとチャリティSORPの関係

英国では，当該財務報告基準を補足する実務指針としてSORPsが存在していることはこれまでに述べてきたとおりであるが，このSORPsは基本的に撤廃との方向であった。しかし，撤廃に対する疑問の声があること，SORPsは財務報告書の質の向上に貢献している等の意見が寄せられ[3]，新制度発足後もSORPsはUK GAAPを構成することになり，2013年に『SORPs：方針と実施基準（Policy and Code of Practice）』が公表された。ここではSORPsの役割や設定主体の役割，FRCとの関わり，新SORPの開発などについて述べられている。

また，FRCはIFRSの適用のために関連団体と協議を続けた結果，PBE[4]向けの会計基準をFRS102に組み込むこととした。PBEの会計に関わる問題の中には営利組織（企業）会計と共通して適用し得るものが含まれることから，独立したPBE向けの会計基準の設定を行うのではなく，営利組織（企業）との共通性を強調して[5]，FRS102の一部にPBEに関する基準が組み込まれたのである[6]。

一方，FRS102SORPは，FRS102の下で財務諸表を作成し公表するチャリティに対して，会計基準および法的要求を具体的に実務に適用するための指針（guidance）としてその役割を果たすことになる。FRS102SORPの中で，FRCの目的について次のように述べている。FRCの目的は，投資を促進するための高品質のコーポレートガバナンスと報告を発展させることにある。英国およびアイルランド共和国に適用可能な会計基準に関して，FRCの優先される目

的は，財務諸表の利用者が実体（entity）や利用者の情報ニーズの規模や複雑性に相応の高品質な理解可能な財務報告書を受領することができることにあるとしている。そして，特定の産業やセクターでは会計基準の明確性は基準が目的に適合的である方法で適用されるために必要とされ，産業やセクターの財務諸表の利用者に有用な情報を提供しているとしている。そして，このような明確性はFRCによって承認された団体によってSORPsの形式で発行されており，高品質な財務報告というFRCの目的はチャリティ委員会やOSCRといった団体と共有されている[7]。

すなわち，営利組織（企業）会計・非営利組織会計に単一の財務報告基準としてPBEを含むFRS102と，当該報告基準を補足する実務指針としてチャリティに適用するFRS102SORPが存在することとなったのである[8]。

ただし，SORP（FRSSE）については，FRSSEの内容が改訂されたわけではないことから，適用しているチャリティにそれほどインパクトを与えるものではなかった[9]。そのため，次節以降，FRS102SORPを取り上げている。

3　FRS102SORPの特徴と構成

FRS102SORPは「英国とアイルランド共和国の適用可能な財務報告基準（当該SORPの中ではFRS第102号とされる）をいかに適用すればいいかについて，チャリティにガイダンスを提供するものである」[10]として，モジュール（module）[11]アプローチを採用している。

FRS102SORPでは，発生主義により財務諸表を作成するすべてのチャリティが準拠するべきものとしてコア・モジュールが設定され，これには14のモジュールがある。一方で，すべてのチャリティに適用されないが，より特定の領域を網羅した選択可能なテーマごとに4つに分割された選択（selection）として設定されており，このモジュール・アプローチは単純な業務（less complex operations）を行うチャリティを支援するために採用されているのである[12]。FRS102SORP以前のSORPでは「理事者の年次報告書」の項目の中に「財務諸表（accounts）が含まれていたが，FRS102SORPではモジュールの中に「財務諸表」[13]の区分はなく，計算書であるSOFA，貸借対照表，キャッ

シュ・フロー計算書が「理事者の年次報告書」のモジュールの中で併記されるようになった[14]。

このFRS102SORPの構成は，次の通りである。

コア・モジュール
1．理事者の年次報告書（paras. 1.1-1.53）
2．ファンド会計（paras. 2.1-2.30）
3．会計基準，方針，概念および原則，見積もりと誤謬の調整を含む（paras. 3.1-3.48）
4．財務活動計算書（SOFA）（paras. 4.1-4.67）
5．収益の認識，遺贈，助成金および契約収益を含む（paras. 5.1-5.59）
6．寄付された財，設備およびサービス，ボランティアを含む（paras. 6.1-6.31）
7．費用の認識（paras. 7.1-7.46）
8．SOFAの活動による費用配分（paras. 8.1-8.14）
9．理事者およびスタッフの報酬,関連団体およびその他の取引先の開示（paras. 9.1-9.32）
10．貸借対照表（paras. 10.1-10.93）
11．財務上の資産・負債の会計（paras. 11.1-11.40）
12．資産の減損処理（paras. 12.1-12.22）
13．報告日後の事象（paras. 13.1-13.8）
14．キャッシュ・フロー計算書（paras. 14.1-14.22）

次に選択として1から4まで記載されている。

選択1：チャリティ運営に関連する特定の取引
　会社法に基づいて設立されたチャリティ（paras. 15.1-15.24）
　助成金活動の表示と開示（paras. 161-16.25）
　退職と退職後の福利厚生（post-employmentbenefits）（paras. 17.1-17.24）
選択2：保有資産の特定タイプの会計
　遺産（heritage assets）の会計（paras. 18.1-18.31）
　代理人あるいは受託管理者（custodian trustee）として受領したファンドの会計（paras. 19.1-19.13）
選択3：投資会計
　総収益（投資）（paras. 20.1-20.12）

第 7 章　現在の英国チャリティ会計（FRS 102SORP）　155

　　社会的投資の会計（paras. 21.1-21.43）
　　投資の資金を共同管理するチャリティの会計（paras. 22.1-22.12）
　選択 4 ：支店，チャリティグループおよび連結
　　チャリティの連結の概観（paras. 23.1-23.5）
　　グループの会計および連結財務諸表の作成（paras. 24.1-24.39）
　　支店，関連チャリティ（linked or connected charities）およびジョイントの取り決め（paras. 25.1-25.26）
　　子会社としてのチャリティ（paras. 26.1-26.8）
　　チャリティの合併（paras. 27.1-27.16）
　　関連企業（associates）の会計（paras. 28.1-28.20）
　　ジョイント・ベンチャーの会計（paras. 29.1-29.20）
　付録 1 ：用語
　付録 2 ：チャリティ会計（SORP）委員会
　付録 3 ：英国およびアイルランド共和国の領域（thresholds）

　FRS102SORP では，SORP はチャリティが特定の活動や取引に FRS102 を適用するために期待される方法を設定し，チャリティが財務諸表内で活動と資源を表示し，開示するべきである方法について説明している。また，SORP は財務諸表を含む理事者の年次報告書の内容を規定している。その理事者の年次報告書は財務諸表に含まれる財務情報の内容，ナラティヴな説明を提供している[15]。

　FRS102SORP は，チャリティに特有の要件を含んでおり，とくにその要件は寄付者，資源提供者（funders），財務的支援者（financial supporters），その他の利害関係者[16]に高レベルのアカウンタビリティと透明性を提供することを目的とした理事者の年次報告書，ファンド会計，SOFA の様式，追加的な開示に関するものである[17]。

　FRS102SORP は，次の目的を達成することを意図している[18]。

① 　チャリティの財務諸表の質の改善
② 　情報の目的適合性，比較可能性，理解可能性の向上
③ 　会計基準の明確性，説明，解釈の提供およびチャリティやセクターに特有の取引の妥当性の提供
④ 　理事者の年次報告書や財務諸表の作成の責任者への支援

また，代替的な報告の枠組みが法規制上あるいは他のSORPの適用に設定されているものを除けば，このSORPの会計上の勧告は，チャリティの規模，構成，複雑性に関わらずチャリティの財政状態や財務活動にTFVを付与するために，発生主義（accrual basis）に基づく財務諸表を作成することを英国のすべてのチャリティに適用するとしている[19]。ただし，チャリティは財務諸表にTFVを与えるために必要ならば当該SORPやFRS102の要請から離脱しなければならないとしている[20]。

3.1　理事者の年次報告書と財務諸表の目的および理事者の年次報告書の構成

理事者の年次報告書と財務諸表の目的は，理事者の受託責任やチャリティの資源の管理（management）を評価する際に広範な利害関係者に有用であろうチャリティの財務的業績（financial performance）と財政状態（financial position）についての情報を提供することと，チャリティに関連する経済的意思決定を行うために財務諸表の利用者を支援することにあるとしている[21]。

理事者はこれらの報告書の主要な利用者の情報ニーズを考慮するべきであり，それらはチャリティごとに異なっているであろうが，一般的に資源提供者（funders），寄付者および財務的支援者（financial supporters），サービス利用者やその他の受益者が含まれている[22]。

そして，「理事者の年次報告書」のモジュールの構成については次のようになっている。

- **理事者の年次報告の作成のための責任者は誰か**—理事者の年次報告書の作成者は，チャリティの理事者（trustees）である。理事者は，チャリティのスタッフあるいは報告書作成の助言者でもあるけれど，理事者はその報告書の最終的な文書について是認しなければならない[23]。
- **小規模チャリティによる報告書**—報告書の要請はチャリティの規模を考慮し，小規模チャリティは構造，運営あるいは規制の権限にチャリティ法の下，法定監査に従わない。ここモジュールは小規模と大規模のチャリティが提供しなければならない報告書の基礎（elements）を明確にするために「すべてのチャリティ」という用語を使用している。チャリティの理事者はチャリティの利害関係者に関連する追加的な情報を考慮する場合，小規模チャリティは大規模チャ

第7章 現在の英国チャリティ会計(FRS 102SORP) 157

リティに要求される追加的情報のいくらか,あるいはすべてを含むことを奨励している[24]。
- **報告書のコンテクスト**(context)—チャリティの法的目的やチャリティの目標とそれらを達成するために行う活動間の基本的な繋がりを提供する。チャリティの利害関係者に関連する情報に焦点をあてるべきであり,重要な成功と失敗を認識できるような均衡のとれた方法で(balanced manner)チャリティの情報開示(story)を行うべきである。良い報告書(good reporting)は財務諸表を解釈するコンテクストを提供し,収益源や発生費用で報告される活動や達成について説明する。

  また,チャリティの財務諸表は財政状態と財務業績に焦点をあてている。この情報はチャリティの活動から達成されたことと,使用された資源の概略を利用者(the user)に与えているわけではない。理事者の年次報告書と財務諸表は,チャリティが行ったこと(アウトプット)あるいは達成したこと(アウトカム),それが与えた影響(インパクト)の写像を提供するべきである[25]。
- **すべてのチャリティに要求される理事者の年次報告書の内容**—SORPの要請は次の項目から構成している。目的と活動,達成と業績,財務的概略,構造・ガバナンス・運営,参照と管理上の詳細,開示からの免除,他人のための受託管理者(custodian trustee)として保持される資源である。
- **その他の情報の提供**—法的報告書の枠組みを超えて,チャリティについてやチャリティが行ったことについて情報を提供する別の手段を使用することがある[26]。
- **大規模チャリティに要求される追加的内容**—公的アカウンタビリティと受託責任に関する報告書が大規模チャリティに期待されている。報告書を編集する際,大規模チャリティは上記で設定されたすべてのチャリティに課される要件を満たさなければならず,また次の項目の下,追加的な情報を提供しなければならない。その項目は,目的と活動,達成と業績,財務的概観,将来期間の計画,構造・ガバナンス・運営,参照と管理上の詳細である[27](**図表7-1参照**)。

■図表 7-1　FRS102SORP の目的および年次報告書・財務諸表の目的

SORP の目的	年次報告書と財務諸表の目的	年次報告書と財務諸表の利害関係者
・チャリティの財務諸表の質の改善 ・情報の目的適合性，比較可能性，理解可能性の向上 ・会計基準の明確化，説明，解釈の提供およびチャリティやセクターの特定の取引におけるそれらの妥当性の提供 ・理事者の年次報告書や財務諸表の作成責任者の支援	・理事者の受託責任やチャリティの資源の管理（management）を評価する際に広範な利害関係者（stakeholders）に有用であるチャリティの財務的業績（financial performance）と財政状態（financial position）についての情報を提供すること ・チャリティに関連する経済的意思決定を行うために財務諸表の利用者を支援すること	チャリティごとに異なっているが，チャリティの過去，現在，潜在的な資源提供者（funders），寄付者および財務的支援者（financial supporters），チャリティのサービス利用者，他の便益者を含む

出典：筆者作成。

3.2　財務諸表の構成

チャリティの財務諸表の構成は，次のようになっている[28]。

- SOFA―報告期間（reporting period）内のチャリティの収益と費用（income and expenditure），資源の変動（movement in funds）の分析を提供する。
- 貸借対照表―報告日（reporting date）のチャリティの資産，負債および資源残高（retained funds）を提示する。
- キャッシュ・フロー計算書
- 会社として設立したチャリティは，SOFA 内にあるいは，会社法の報告要請を満たすために必要な SOFA に加えて別の要約損益計算書（income and expenditure account）を含む。
- 財務諸表上の注記―会計方針を説明する。収益費用の構成の詳細，特定の資産と負債（particularassets and liabilities）についての追加的情報，特別資源あるいは取引（particular funds or transactions）についての情報を提供する。

これら 3 つの財務諸表についての説明は，次のようになされていた。

3.2.1 SOFA

SORPによれば，財務活動や財政状態のTFVを付与するために発生主義に基づいて財務諸表を作成するすべてのチャリティは，それぞれの報告期間にSOFAを作成しなければならない[29]。SOFAは報告期間内のチャリティの収益と費用および資源の変動の分析を提供している[30]。収益，利得，費用，損失を含む単一の計算書であり，利用者に収益および受領した基本財産基金の分析とチャリティによって活動に関する費用を提供し，報告期間のチャリティの資源の変動の照合（reconciliation）が示される[31]。

チャリティが保持している資源を資源毎に分類—無拘束資金，使途限定収入資金，基本財産基金—し，多欄式（columnar）で表示するというSOFAの基本的な構造は維持された。そのため，SOFAの意義における検討は前章で行ったとおりとなり，これまでのSORPで規定されているSORPとFRS102SORPとでは，それほど大きな変更はなかったといえる。

今回の改訂でSORP2005と異なった点は，SOFA内の項目の数を減少させ，「簡易な英語」スタイルが求められたことである。それはSOFAの項目内に含められている収益あるいは費用の性質（nature）を述べるために採用されている。FRS102と一致して，新しい要請は追加的な欄（columns）を増やす方法か，財務諸表の注記で情報を提供するかのいずれかによってSOFAのすべての欄で比較が提供されることを求めている（**図表7-2**参照）。

■図表7-2　SORP2005からFRS102SORPへの変更

SORP2005（SOFAの抜粋）	FRS102SORP（SOFAの抜粋）
任意の収益（Voluntary income）	寄付と遺贈（donations and legacies）
資金（資源）獲得のための活動（Activities for generating funds）	その他の取引活動（Other trading activities）
投資収益（Investment income）	投資からの収益
チャリティ活動からの資源収入	チャリティ活動からの収益
資源収入合計	収益と基本財産基金の総額
任意の収益発生コスト	資金（資源）調達に関する費用
資金（資源）調達取引：売上原価とその他費用	
投資マネジメントコスト	
チャリティ活動に費消した資源	チャリティ活動に関する費用
ガバナンスコスト	
その他消費資源	その他費用
	投資に関する純利得／（損失）
振替前の純流入／流出資源	純利得／（損失）
資源間の振替総額	資源間の振替
チャリティで使用する固定資産の再評価による利得	固定資産の再評価に関する利得／（損失）
投資資産に関連する利得／損失	
確定給付型年金政策に関する実質的な利得／（損失）	確定給付型年金政策に関する実質的な利得／（損失）
	その他の利得／（損失）
資源の純変動額	資源の純変動額

出典：HELP SHEET2, p.6.

第7章　現在の英国チャリティ会計（FRS 102SORP）　　161

収益（income）
- 主要な項目「資源収入」は「収益と基本財産基金」に変更する。
- 「任意の収益（voluntary income）」は「寄付と遺贈」に変更する。
- 「チャリティ活動からの資源収入」は「チャリティ活動からの収益」に変更する。
- 「資源を生み出す活動」は「他の取引活動」に変更する。
- 「投資」収益と「その他」収益はSORP2005からの変更はない。

費用
- 主要な項目である「費消した資源（resources expended）」は「○○に関する費用（expenditure on）」に変更する。
- 「チャリティ活動」は「チャリティ活動に関する費用」に変更する。
- 「ガバナンスコスト」の項目は取り下げられ，「チャリティ活動」に関する費用が含められる。活動ベースに基づくチャリティの報告書では，ガバナンスコストは支援コスト（support costs）とは別の構成となる。
- 「その他の消費資源」は「その他」費用に変更する。

FRS102は，次のことを明確にしている。

- 基本財産基金の収益への変更は他の収益か振替（transfer line）の方法で示される。
- 資源（fund line）間の振替は必ずいつもゼロ（nil）と捉える。
- 内部的に発生したデータベースは利用できない。

3.2.2　貸借対照表

　発生主義に基づいて財務諸表を作成するすべてのチャリティは，財政状態のTFVを与えるそれぞれの報告期間の終わり（決算）に貸借対照表を作成しなければならない。貸借対照表は資産と負債のスナップショットの計算書（snapshot statement）を提供し，これらはチャリティによって保持された異なった資源ごと（class）によって表示している[32]。貸借対照表の目的はチャリティに入手可能な資源を示すことにあり，これらはチャリティのすべての目的のために入手可能かどうか，それらは使用の際に課された法的制限や，特定の目的のために使用されなければならない[33]。

貸借対照表は資産，負債，正味財産（funds）に関連する項目を表示している。FRS102SORP では，チャリティの貸借対照表は次を提供しなければならないとしている[34]。

- これらが注記で説明される変動の特別の理由がない場合，次の報告期間に同様の様式を採用すること。
- 貸借対照表で開示されるそれぞれの項目のために前期の報告期間に対応する金額を提供すること（**図表7-3**参照）。

■図表7-3　貸借対照表

	注記	無拘束収入資金 (Unrestricted Funds)	使途限定収入資金 (Restricted Income Funds)	基本財産基金 (Endowment Funds)	資金合計	前期の残高
		£	£	£	£	£
固定資産：						
無形固定資産						
有形固定資産						
遺産（heritage assets）						
投資						
固定資産合計						
流動資産：						
株式（Stocks）						
売上債権（Debtors）						
投資						
銀行預金および手許現金						
流動資産合計						
負債：						
仕入債務（Creditors）：一年以内に支払い						

純流動資産/(負債)								
総資産—流動負債								
仕入債務(Creditors):一年以上後に支払い								
負債の引当金								
純資産あるいは負債の合計								
正味財産								
基本財産基金								
使途限定収入資金								
無拘束収入資金								
再評価剰余金								
資源(fund)合計								

出典:FRS102SORP,表5およびFRS102SORP,CC117a,Annual Accounts Section B参照。

3.2.3 キャッシュ・フロー計算書

　FRS102SORPによって認められた開示免除のチャリティ以外は,キャッシュ・フロー計算書を提供しなければならない。キャッシュ・フロー計算書は,活動によって発生した現金の使用方法やチャリティによって保持された現金および現金同等物の変動についての情報を提供する。それはまたチャリティの流動性を評価し,支払い能力（solvency）を理解する際に役立つ情報を提供する[35]。キャッシュ・フロー計算書は,より大規模チャリティがFRS102セクション7を参照して作成することを求めているが,ここでいう「より大規模チャリティ」とは総収益が50万ポンド超あるいは50万ユーロ超（アイルランド共和国）のチャリティであるとしている[36]。

　そしてその様式はFRS102に従うべきことを述べ,3つの標準的な項目—事業活動（operating activities）,投資活動（investment activities）,財務活動（financial activities）—を使用しキャッシュ・フローを分析しなければならない[37]。このようにキャッシュ・フロー計算書についてはFRS102に従うことから,営利組織会計のキャッシュ・フロー計算書と同様のものである。

3.2.4　FRS102SORPの財務諸表の特徴

上記の3つの財務諸表については，これまでのSORPで求められている内容と大きく相違しているわけではない。このうち，チャリティに特有の会計を示す拘束あるいは無拘束の資源を示す財務諸表はSOFAと貸借対照表で行われている。そのため，ここではSOFAおよび貸借対照表を取り上げる。

SOFAは，拘束あるいは無拘束といった資源に関連して収益および費用を示す多欄式の様式である。そのため，どの活動にどのような（拘束あるいは無拘束）資源が費消されたのかを示すと同時に，どのような（拘束あるいは無拘束）資源がどれだけあったのかを示すことができる。たとえば拘束つきの収益資源が寄付金や遺贈からどれだけあり，同じ拘束付き収益資源がどれだけチャリティ活動に費消されたのかを理解できるのである。

また，貸借対照表の様式は固定性配列法であり，それぞれの資産，負債がどのように（拘束あるいは無拘束）で調達され，正味財産が維持されているのか示している。これらの財務諸表ではチャリティが保持する資源が拘束あるいは無拘束の資源ごとに表示され，それは資源提供者の意図に従った資源の費消を示すことにつながっている。このことはチャリティが負う受託責任の履行を示し，アカウンタビリティの履行へとつながっている。そして最終的にはチャリティがどの区分（拘束あるいは無拘束）で資源を保持しているかを示している（図表7-4参照）。資源に対し拘束の有無を示す財務諸表は営利組織会計では行われておらず，チャリティ会計特有のものである。このような会計についてSORPではファンド会計（Fund Accounting）とよんでいる。このファンド会計にはどのような会計であるのかについて次に検討したい。

■図表7-4　FRS102SORPの特徴と年次報告書・財務諸表の構成

	TFVに関する規定	離脱規定に関する規定	ファンド会計の規定	発生主義の適用	理事者の年次報告書の構成	財務諸表の構成
FRS102 SORP	有	有	有	推奨	・目標および活動 ・達成状況および業績 ・財務的概況 ・構造，ガバナンスおよび運営機構（management） ・経歴と職務上の任務（reference and administrative details） ・除外した開示（exemptions from disclosure） ・その他の受託会社として保持されている資源（funds held as custodian trustee on behalf of others）	・SOFA ・収支計算書 －会社法によって設立あるいは要求されている場合 ・貸借対照表 ・キャッシュ・フロー計算書 ・注記

出典：筆者作成。

3.3　ファンド会計（Fund Accounting）

3.3.1　ファンド会計の意義

　資源の拘束性[38]はアカウンタビリティの履行のためのものであるとも言われている。たとえば，資源提供者は非営利組織への資源提供に際して，その目的を達成するために使途に拘束を課すことがある。このような資源の拘束性について，SORPではファンド会計（fund accounting）としてSORP1995から記載している。FRS102SORPではファンド会計に関連する要請[39]は，寄付者や資源提供者，財務的支援者，その他の利害関係者に高度なレベルのアカウンタビリティと透明性を提供することを目的としている[40]と述べており，ファンド会計はアカウンタビリティの履行のためのものであると認識しているといえる。

　上記でも述べたが，理事者の年次報告書と財務諸表の目的は，理事者の受託責任やチャリティの資源の管理（management）を評価する際に広範な利害関係者に有用であろうチャリティの財務的業績と財政状態についての情報を提供することと，チャリティに関連する経済的意思決定を行うために財務諸表の利

用者を支援することにあるとしている[41]。この後者の経済的意思決定のための情報開示が，これまでのSORPと異なりFRS102SORPに明示された目的である。

すなわち，FRS102SORPでは，理事者の年次報告書および財務諸表の目的はこれまでより広範になったのに対し，ファンド会計の意義についてはそのままアカウンタビリティの履行であるとしている。そこで本節ではチャリティにおけるファンド会計は意思決定に有用な情報の提供をも可能とするのかどうかについて検討したい。

3.3.2 拘束区分表示の意義と目的

英国チャリティによって保持されている特定のチャリティ目的の資源 (charitable funds) についての会計は，チャリティ会計の主要な特徴となる。そのことは次のことからも推察できる。FRS102ではチャリティによるファンド会計を取り扱っていない。しかし，FRS102SORPにはコア・モジュールとして「ファンド会計」を取り上げている。そこでは，「ファンド会計の前提条件はチャリティが信用に基づいて行った資源の区分を理解することである」[42]としている。Pianca and Dawes [2018] によれば，ファンド会計は，チャリティの資産や活動について適切に記録および報告するために重要であるとしている[43]。

このSORPのファンド会計について特定非営利活動法人の会計の明確化に関する研究会（以下，明確化研究会とする）[2011] が取り上げており，そこでは「制約の有無・基金の維持の必要性の有無等によって計5種類に区分し，寄付金の性格に応じて適切な区分に計上することとされている」[44]と述べている。それでは次に英国チャリティのファンド会計についてみていきたい。

チャリティのファンド会計は資源の2つの主要な分類で区別される。1つは，使用に制限がなく，チャリティ目的のためにチャリティが費消できる。もう1つは，使用に制限があり，特定のチャリティ目的のために使用され得る[45]。前者は無拘束収入資金（Unrestricted Income Funds）であり，これはさらに無拘束資金（一般資金）（General Funds）と使途指定資金（Designated Funds）に分類される。後者は使途限定資金／特定信託（Restricted Funds/Special Trusts）であり[46]，これはさらに使途限定収入資金（RestrictedIncome Funds）と基本財

産基金（Endowment Funds）／（基本金）（Capital）に分類される[47]。そして，基本財産基金はさらに支出可能資金（Expendable Endowment）か，永久拘束資金（Permanent Endowment）に分類される。この資源の分類はチャリティのSOFAや貸借対照表の表示における基本的な特徴である[48]。

3.3.3 無拘束収入資金

無拘束収入資金はチャリティの目的を促進するために理事者の裁量で費消される。無拘束収入資金は拘束付きの資源から生じた費用を補足するために使用することもできる。たとえば，拘束付き贈与は特定のプロジェクトのために必要とされる資金（資源）調達の一部を提供する場合，無拘束収入資金はそのプロジェクトの資金（資源）調達の不足を補うために使用され得る。また，理事者は特定の将来の事業あるいはコミットメント（commitment）のために使用される無拘束収入資金の一部を確保しておく（set aside）ことを選択することができ，理事者はチャリティの無拘束収入資金の一部を使途指定資金（designated fund）として設定する[49]。理事者によるこのような資源の割り当て（earmarking）は，管理上の目的の場合に認められている。

3.3.4 使途限定資金

使途限定資金はチャリティ法のもと，特定信託（trusts）[50]に基づく資源として，使途限定資金に分類される。その特定信託は贈与を行う時に資源提供者による使途の限定があることから生じる。特定信託は，チャリティが使途限定資金を法的に使用し得る目的で設定する。チャリティは目的に従って個々の使途限定資金を持つことができる[51]。使途限定資金は，特定の目的のために費消されるということに基づいて保持され，さらに，使途限定収入資金と基本財産基金に区分される[52]。使途限定収入資金はチャリティの特定の活動を増進するものであり，理事者により消費することができる。一方，基本財産基金は，理事者が資本を収益に変更する権限を持っているかどうかで，さらに支出可能（expendable）か，永久拘束（permanent）かに区分される。前者は理事者が基本財産基金を収益へ変更できる権限を持っている場合であり，後者は当該権限を持っていない場合である[53]。

支出可能資金は，チャリティの理事者が費消することを決定するまで，基本

金(the capital)を費消する実質的な要請がないという点で「収益」とは異なっている。もし，理事者がそれを費消する権限を行使すれば，関連する資源が無拘束収入資金か使途限定収入資金となる。それは贈与の条件がチャリティの目的あるいは特定の目的のための費消を許可するかどうかに依存し[54]，収入を創出するために投資する資金である[55]。

　永久拘束資金は，チャリティによって永久に保持されることを意味した貨幣あるいは財産であり，たとえば，土地，建物，現金，投資がある[56]。

　このように英国のファンド会計は大きく5つに区分される。米国の非営利組織の純資産の区分は2つ—拘束と無拘束—，日本の公益法人も同様の区分であることを考えると，英国ではかなり細分化され，詳細な報告が求められていることが理解できる。チャリティのファンド会計の特徴の1つとして挙げられるのは，資源提供者による拘束の有無だけでなく，理事者の裁量による区分が行われていることである。したがって，チャリティ会計におけるファンド会計は，資源提供者による拘束と理事者による拘束の区分が存在し，拘束付きの資源である基本財産基金においても理事者による収益変更の有無という理事者の裁量が認められている。これによって，チャリティは拘束付きの資源に区分しているとはいえ，理事者による資源の柔軟な使用が確保されているのである。理事者の裁量はあくまでもチャリティの活動目的の促進の範囲内であり，贈与時の条件にもよるという制約はあるが，たとえば災害救援などの緊急時にも対応できるといった活動の柔軟性を示している。すなわち，チャリティの活動目的の達成（例：災害救援）のために，無拘束（一般資金，使途指定資金），使途限定収入資金，拘束（基本財産基金・支出可能）に区分し，活動に費やすことができる資源を示し，そこからどの活動のためにどれだけ費消したか，提供された資源をどのように（どの資源として）区分したかを詳細に示しているのである。このように受託した資源をどのように費消したか，あるいは配分したかを示すことはアカウンタビリティの履行にとって非常に重要であるといえる（**図表7-5参照**）。

■図表7-5　チャリティにおける資源の分類

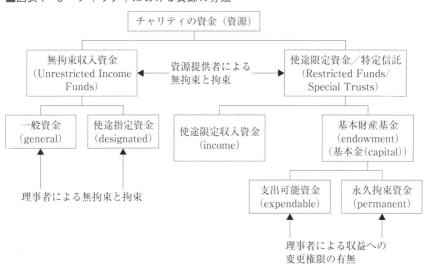

出典：FRS102SORP，図1に一部加筆・修正。

3.4　ナラティヴ（Narrative）情報

現在のFRS102SORPでは，年次報告書は財務諸表の内容やナラティヴ情報について記載している。一方，FRS102ではナラティヴ報告書（narrative reporting）のための要請を明確にしていない[57]。

FRS102SORPでは，理事者の年次報告書によって提供されるナラティヴ情報は，財務諸表の利用者が重要な活動の性質を理解することや，生じた費用の結果を理解しやすくするものであるとしている[58]。FRS102SORPの「理事者の年次報告書」の中で，資金（資源）調達活動（grant-making activities）や方針（policies）についてもナラティヴ報告書として提供しなければならないとしている[59]。

その理事者の年次報告書の中のナラティヴ情報については次の内容が求められている。これまでの各SORPは次のようになる。

SORP1988——チャリティの目標の説明とチャリティが組織化される方法の記述，その年のチャリティの発展，活動，達成の報告，チャリティの取引や財政状態や財務諸表の顕著な特徴の説明の報告[60]

SORP1995——チャリティの目的，方針，過去の方針の重要な変更や理由，当期のチャリティの発展，活動，達成（achievements）の再検討，チャリティの取引および財政状態の再検討と財務諸表の顕著な特色の説明，財務的側面からの説明，チャリティと関連チャリティ，他のチャリティやチャリティの目的の追求の中で共同する組織関係の再検討[61]

SORP2000——(a)チャリティの目的，(b)組織構造およびどのように意思決定が行われたか，チャリティと関連当事者等（related parities）との関係，(c)チャリティの活動のレビュー（過去の重要な変化，発展と達成を含む）および当期の活動に影響する事象や将来計画，ボランティアの貢献へのコメントや資金（資源）調達活動の有効性，(d)チャリティの方針，(e)資金（資源）不足に対する説明と採用された行動の説明，(f)主要なリスクの識別とリスク軽減のためのシステムの確認[62]

SORP2005——(a)保留（レベル／理由／政策），(b)資金（資源）の不足（fund deficits），(c)活動と達成（小規模チャリティのみ），(d)その他のナラティヴ報告の要請（大規模チャリティ）——組織構造，マネジメント構造および「ガバナンス」，支部の構造，グループの非チャリティ団体，その他関連チャリティ／団体，(e)運営上の業績，(f)投資の方針／業績，(g)助成団体および「社会的」投資，便益部門の政策，(h)リスク緩和，(i)資金（資源）調達結果（fundrising performance），(j)財務上のマネジメント政策，(k)ボランティアの援助（volunteer-help）[63]

FRS102SORP——(a)保留（レベル／理由／政策），(b)資金（資源）の不足（fund deficits），(c)活動と達成（小規模チャリティのみ），(d)その他のナラティヴ報告の要請（大規模チャリティ）——組織構造，マネジメント構造および「ガバナンス」，支部の構造，グループの非チャリティ団体，その他関連チャリティ／団体，(e)運営上の業績，(f)投資の方針／業績，(g)助成団体および「社会的」投資，便益部門の政策，(h)リスク緩和，(i)資金（資源）調達政策および結果（fundraising policy and performance），(j)ボランティアの援助（volunteer-help）[64]

これまでのSORPのナラティヴ情報の特徴としては，次の点が挙げられる。① SORP1988からSORP2000では非財務情報はナラティヴ情報とよばれ，その開示が求められていたが，SORP2005およびFRS102SORPではナラティヴ情報の区分が行われなくなった。代わりに「理事者の年次報告書」の中で要請される項目となったこと，② SORP1995ではナラティヴ情報で開示する項目は非常に多くが求められているが，SORP2000ではナラティヴ情報はその項目をかなり削減したこと，③ SORP2005がガバナンスと業績（performance）[65]についての情報の提供が求められるようになったことである[66]。

　①と②については，いったん増加したナラティヴ情報が減少し，SORP2005およびFRS102SORPではナラティヴ情報としての区分が行われなくなった。ただし，ナラティヴ情報の内容についてPianca and Dawes［2009］で次のように述べられていた。

　年次報告書のナラティヴの形式は，性質や目的，その（財務的）状況や環境，いかにチャリティが構成されているのかといった基本的な背景情報についてチャリティの読み手に知らせるために設定されている。そこには，その運営および財務的管理政策を説明し，その目的，戦略および目標，その活動や達成あるいは業績，これらに影響する外的要因を要約し，最終的には将来の計画を説明するだけではなく「ガバナンス」も含むとしている[67]。

　そして③であるが，業績評価情報がSORP2005で求められるようになったが，その理由はアカウンタビリティのためである。具体的には，アウトプット，アウトカム，インパクトに関する情報を求めている。Hyndman［1990］によれば，これらを表示することは財務諸表単独ではできないとし，非財務情報の必要性を訴えている。チャリティの財務諸表では利用者がチャリティの財政状態を評価することができ，いかに資源が獲得され費消されたかを評価できるけれども，目的に対する成功や業績，インパクトについての情報は，財務諸表上ではほとんど提供されないためアカウンタビリティの解除にはあまり役に立っていない[68]。チャリティはその活動目的が公益のための活動であることから，ナラティヴ情報や非財務情報がアカウンタビリティの履行にとって重要な役割を果たすのである。

4 おわりに

　本章では現在のSORPであるFRS102SORPを取り上げ，その特徴を述べるとともに，チャリティ固有の会計について検討を行った。FRS102SORPでは，SORP2005と異なっている点はSOFAの項目が簡便になったことや，モジュール形式となり，これまでの理事者の年次報告書の項目が併記されていることであった。また，これまでのSORPと大きく異なっている点は，理事者の年次報告書と財務諸表の目的である。

　これまでのSORPの理事者の年次報告書と財務諸表の目的は，再掲すれば，「理事者の受託責任やチャリティの資源の管理（management）を評価する際に広範な利害関係者（stakeholders）に有用であるチャリティの財務的業績（financial performance）と財政状態（financial position）についての情報を提供すること」であったが，FRS102SORPでは「チャリティに関連する経済的意思決定を行うために財務諸表の利用者を支援すること」が加えられたのである。

　しかし，この目的を遂行するための理事者の年次報告書と財務諸表は，これまでのSORPでの規定とそれほど大きく異なっているわけではない。たとえば，財務諸表の構成は，SOFAと貸借対照表，キャッシュ・フロー計算書であり，SOFAと貸借対照表のいずれも資源ごとの区分を採用していた。またキャッシュ・フロー計算書については営利組織のものが要請されていた。また非財務情報であるナラティヴ情報を公表する点についてもこれまでのSORPと同じであった。

　そこで本章ではFRS102SORPで定められた理事者の年次報告書および財務諸表の目的を遂行できるのかどうかを中心に検討した。結論から述べれば，アカウンタビリティの履行は可能であると考えられる。

　ファンド会計では受領した資源を拘束性の有無に従って大きく5つ―無拘束収入資金（一般資金，使途指定資金），使途限定収入資金，基本財産基金（支出可能資金，永久拘束資金）―に区分している。このような区分は資源をどのように受領し，どのように費消したのか（配分したのか）を示していた。すなわち，ファンド会計では資源提供者と理事者の2者の拘束性の有無を示している。資源提供者の拘束性の有無はアカウンタビリティの履行につながる。理事者の

採用による資源の区分は，理事者が受託した資源の配分の正当性を証明し，かつ柔軟な活動を行うことを可能にすることから受託責任の履行の促進へとつながり，ひいてはアカウンタビリティの履行につながるのである。

　ナラティヴ情報は，これまでのSORPと比べると，理事者の年次報告書の中で採用されている。このことからもその位置づけは向上していると理解できる。その内容は，非財務情報を中心としていることから，チャリティの活動の業績を示すことを意図していると捉えることができる。このことは財務諸表では示すことができないアカウンタビリティの履行を当該情報によって果たすことができると考えられるのである。

　したがって，英国のチャリティ会計では，ファンド会計の採用，ナラティヴ情報の拡大からいずれもアカウンタビリティの履行を意識したものであると考えられるのである。

　また，拘束された資源はファンド会計によって区分され，その拘束した資源がどのように費消されたのかという，チャリティの資源の配分についてはSOFAと貸借対照表から理解できる。このことは，資源提供者の資源配分に関する意思決定に有用な情報の提供に役立っていると考える。資源提供者は活動目的（ミッション）に共感して資源を提供することから，その目的に従って活動が行われたかどうか（資源が配分されたのか）を示すことは重要である。ここまで，英国のSORPを中心としてチャリティ会計についてみてきたが，これまでの検討を踏まえ，次章で日本のNPO法人の情報開示の課題と展望について検討したい。

●注
1　OSCRは2006年にチャリティ委員会に加えてSORPの発行主体となった。
2　チャリティの場合，FRSSEの適用が可能な場合はFRSSEを適用し，それ以外のチャリティ（あるいはFRSSEの適用基準を満たすが，FRS102を選択するチャリティ）はFRS102を適用することになる（上原［2016］6頁）。
3　FRS100, SORPs, para. 21.
4　PBEの目的は，公衆（the general public），コミュニティあるいは社会的便益のために財あるいはサービスを提供することであり，PBEは持分権者（equity providers），株主あるいはメンバーに財務的な見返りを提供することを目的とするよりも，実体の主要な目的を支援するという目的を持っている（FRS100, Appendix1, Glossary）。

5 古庄［2017a］29頁。2010年に「英国及びアイルランド共和国における財務報告の将来」が公表され，財務報告公開草案 FRED 第43号「財務報告要求の適用」と FRED 第44号「中規模企業向け財務報告基準」が提案された。また2011年に FRED 第45号「公益組織体の財務報告基準」が公表された。2012年にこれらの FRED 第43号から FRED 第45号に対する意見が募集されそれらを反映したうえで，改訂草案として FRED 第46号（草案 FRS100）「財務報告要求の適用」が，FRED 第47号（草案 FRS101）「開示減免の枠組み」，FRED 第48号（草案 FRS102）「英国およびアイルランド共和国において適用可能な財務報告基準」が公表された。これら公開草案については沖野［2011］が詳しい。参照されたい。

6 古庄［2017a］30頁。IFRS は PBE に対する適用を考慮するものではないことから PBE に対する IFRS の適用の在り方は当初から重要な課題であった。IFRS と PBE の調整，PBE 向け会計の考察については古庄［2013］を参照されたい。

7 FRS102SORP, Financial Reporting Council's statement on the charities SORP（FRS 102）．

8 古庄［2017b］140頁。SORP は実務指針であることから，あくまでも FRS 第102号および法的要求が SORP に優先する（古庄［2017b］140頁）。

9 上原［2016］5頁。

10 FRS102SORP, Introduction, para. 2.

11 モジュールとは，「一般に，特定の機能を発揮する部分の集合体」（古庄［2017b］31頁）としている。FRS102SORP はそれまでの SORP とは異なり，モジュール形式で構成されている。

12 Deloitte［2014］p. 2.

13 ただし，FRS102SORP で財務諸表について述べていないわけではなく，財務諸表は SOFA，（会社法によって作成されるか要求される場合）収支計算書，貸借対照表，キャッシュ・フロー計算書，注記としている（FRS102SORP, Appendix1）。

14 また，これ以外に「must」，「should」，「may」の用語が区別されている。「must」は強制適用を意味し，「should」は最善の慣行として勧告するが適用の義務はなく，「may」は選択適用が認められている（FRS102SORP, paras. 33-35）。

15 FRS102SORP, Introduction, para. 5.

16 Pianca and Dawes［2018］によれば，利害関係者は次の人々であるとしている。①資源提供者（founders and patrons），②チャリティ協会のメンバー（チャリティの信託とは別の企業あるいは非企業），③その他の寄付者（公衆）およびその他の潜在的な支援者，④助成団体（公的／企業，その他のチャリティ），⑤チャリティの便益者（現在／将来および潜在的），⑥チャリティの理事者，⑦チャリティの従業員およびボランティア，⑧債権者，⑨関連団体（理事者を推薦する団体を含む），⑩メディア，ボランタリー・セクター，研究者，⑪規制団体——一般的にチャリティ委員会（イングランドおよびウェールズ，あるいは北アイルランド），OSCR（スコットランド），（除外チャリティにとっては）助成団体のような主要な規制団体（典型的には，政府部門／政府代理機関等），あるいはまた関税局，特定の規制団体の場合もある（Pianca and Dawes［2018］p.119）。

17 FRS102SORP, Introduction, para. 6.

18 FRS102SORP, Introduction, para. 10.
19 FRS102SORP, Introduction, para. 14. 当該 SORP の会計上の勧告は現金主義（cash-based）に基づく収支計算書（receipts and payments accounts）を作成しているチャリティに適用されない（FRS102SORP, Introduction, para. 17）。
20 FRS102SORP, Compliance with the SORP, para. 3.28.
21 FRS102SORP, Introduction, para. 11.
22 FRS102SORP, para. 1.1.
23 FRS102SORP, para. 1.7.
24 FRS102SORP, para. 1.8.
25 FRS102SORP, paras. 1.11-1.12.
26 FRS102SORP, para. 1.33.
27 FRS102SORP, para. 1.34.
28 FRS102SORP, Introduction, para.26.
29 これは FRS102 の包括利益計算書（Statement of Comprehensive Income）とよばれるものである。ただし、FRS102 は包括利益計算書において、SOFA によって提供されるチャリティファンドの表示には取り組んでいない（FRS102SORP, para. 4.1）。
30 Vincent [2015] p. 12.
31 FRS102SORP, para. 4.4.
32 FRS102SORP, para. 10.1.
33 FRS102SORP, para. 10.2. 貸借対照表に関するモジュールはすべてのチャリティに適用し、貸借対照表の構造、固定資産—項目、分類と開示、流動資産—項目、分類と開示、負債—項目、分類と開示、チャリティのファンド—分類と開示から構成される。そしてそれぞれでは次を説明するとしている。どのような項目が貸借対照表のそれぞれの項目に含まれるか、貸借対照表項目のために使用された認識原則および測定方法、貸借対照表上で示されない場合、注記で提供されなければならないか、提供するべき情報である（FRS102SORP, para. 10.4）。また、財務的資産と負債の認識と測定に関する情報のために、チャリティは SORP のモジュール「財務的資産と負債の会計」を参照しなければならない（FRS102SORP, para. 10.5）。
34 FRS102SORP, para. 10.6.
35 FRS102SORP, paras. 14.1-14.2.
36 Charity Commission [2016] para. 3.18.
37 FRS102SORP, para. 14.6.
38 この非営利組織の拘束性について藤井 [2017b] では拘束別区分経理の観点から検討している。藤井 [2017b] によれば、非営利組織の持分の不存在ゆえに資本取引と損益取引とを区別することは不可能であるが、資源受領の実態を資源の性質に関連づけて明らかにすることは組織のガバナンスや外部利用者向けの財務報告においても重要であるとしているのである（藤井 [2017b] 20-21頁）。
39 FRS102SORP ではファンド会計のみではなく、理事者の年次報告書、SOFA と追加的な開示に関連する要請としている。
40 FRS102SORP, para. 6.

41 FRS102SORP, Introduction, para. 11.
42 FRS102SORP, para. 2.5.
   FRS102SORPで扱っているファンドの区分はSORP2005から変化していない。
43 Pianca and Dawes [2018] p. 91.
44 明確化研究会 [2011] 資料2, 2頁。
45 FRS102SORP, para. 2.1.
46 使途限定資金はイングランドとウェールズでは特定信託（special trusts）として知られている。
47 これら資源の区分については, 上原 [2010a] の訳出に従っている。
48 FRS102SORP, para. 2.3.
49 FRS102SORP, paras. 2.7-2.6.
50 2011年のチャリティ法によれば，特定信託とは①チャリティの特定目的（special purposes）のためにチャリティによって, あるいはチャリティのために保持され管理される財産（property）を意味している, ②その財産に関連する個別の信託（separate trusts）で保持され, 管理される財産を意味している（Charities Act 2011, s287）。
51 FRS102SORP, para. 2.8.
52 FRS102SORP, para. 2.11.
53 FRS102SORP, para. 2.16.
54 FRS102SORP, para. 2.17.
55 上原 [2010a] 142頁。
56 GOV. UK, Permanent endowment: rules for charities より。
57 FRS102SORP, para. 1.5.
58 FRS102SORP, para. 8.6.
59 FRS102SORP, para. 16.7.
60 SORP1988, para. 22.
   SORP1988では, 理事者の年次報告書が主要なナラティヴ部門であるとしている。
61 SORP1995, para. 28.
62 SORP2000, para. 31.
63 Pianca and Dawes [2009] pp.96-139.
64 Pianca and Dawes [2018] pp. 139-185.
65 SORP1995でも「業績」の報告について求めていたが, あくまでも財務的側面からの業績（たとえば, 補助金に対する業績結果）などであった。それに対しSORP2005では, 理事者の年次報告書の中で,「達成と業績」の項目があり, そこではチャリティが設定した目的に対して達成した業績についての説明が求められ, しかも質的あるいは量的情報にて活動の結果を評価するために使用されるとし, 達成を評価するために使用される測定方法の要約もそこに含められるべきであるとしている。
66 Pianca and Dawes [2009] pp. 96-97.
67 Pianca and Dawes [2009] p.75.
68 Cf. Hyndman [1990].

日本の非営利組織会計への展望

1 はじめに

　前章までで英国のチャリティ会計を検討してきたが，現在の英国におけるチャリティ制度の特徴は，(1)チャリティ法が存在していること，(2)チャリティ委員会が存在していること，(3) IFRS を取り入れながらチャリティの会計の実務指針である SORP が存在していることである。換言すれば，チャリティは法制度上では2006年のチャリティ法により定義が定められ，チャリティ委員会による設立や会計上の管理が行われている。そして，さらに SORP の存在によってチャリティ会計の統制が行われているといえる。英国におけるチャリティ会計の統一はこれらの制度が相俟って可能となっていると考えられるのである。

　一方，日本の非営利組織では，たとえば NPO 法人における NPO 法が存在し，その法人化を認めている。ただし，チャリティ委員会のような非営利組織の制度設計のために独立した組織は存在せず，設立や会計上の管理はそれぞれの主務官庁が行っている。会計については上記でもみてきたように日本では各法人毎に定められた多様な会計基準が存在しており，統一した会計は今のところ行われていない。

　英国のチャリティ会計制度の確立に貢献している上記の3点を日本においても備えることで，日本の非営利組織会計統一の可能性が高くなるといえる。このことは非営利組織会計の統一について直接的な検討ではないが，統一を考え

るうえでの制度整備の必要性が存在していることを指摘したい。

　また，英国のチャリティ会計にはSORPが存在し，SORPでは発生主義会計とファンド会計の採用といった特徴を持っている。チャリティ会計では，SORPの導入前と最初のSORP（1988年）では，その根本的な部分に営利組織会計の導入が推奨された。しかし，その後のSORPではチャリティ（非営利組織）会計の構築を行うようになっていった。ただし，本書から理解できるように発生主義は営利組織のそれを導入していると考えられる。川村［2012］によれば，「発生主義は，現在，非営利法人による財務報告の基礎概念を構成する重要な考え方のひとつとして確立したととらえることができよう」[1]と述べているように，非営利組織会計にとって重要な概念である。そのため本書では非営利組織における発生主義（第2章で検討）を踏まえた財務諸表について検討する。結論から述べれば，チャリティの財務諸表はファンド会計と密接に関連しており，それは本書で考える非営利組織の発生主義における財務諸表とも関連している。そしてこの財務諸表の存在がアカウンタビリティの履行と意思決定に有用な情報の提供の一端を担っていると考える。このような特徴を踏まえて，本章では日本の非営利組織会計における課題と展望について述べたい。

2　英国チャリティ会計の特徴
　　―アカウンタビリティの履行と意思決定に有用な情報―

　前章までで検討したように，英国のチャリティ会計の目的―理事者の年次報告書および財務諸表の目的―を達成するためにその特徴は大きく次のようになっているといえる。再掲すれば，理事者の年次報告書および財務諸表の目的は「アカウンタビリティの履行と意思決定有用性情報の提供」である。そのために大きく①発生主義会計の採用，②ファンド会計の採用，③財務諸表―貸借対照表とSOFAの採用―，④ナラティヴ情報の提供が行われているといえる。このうち，①については第2章で④については前章で検討したことから，ここでは②と③を中心に検討したい。

　現在のSORPであるFRS102SORPでは，アカウンタビリティの履行のための情報提供を，理事者の年次報告書と財務諸表の主たる目的としていた。これ

らの目的は FRS102SORP だけでなく，以前の SORP も同様であった。しかし，FRS102SORP では，アカウンタビリティの履行だけでなく，意思決定に有用な情報の提供もその目的に含められた。

意思決定に有用な情報の提供については，日本公認会計士協会［2015］によれば，「提供された資源が資源提供者の指定した目的範囲に沿って利用されたかどうかという情報は，当該資源提供者の将来の資源配分に関する意思決定にも影響を及ぼす」[2]としている。

すなわち，意思決定に有用な情報とは「提供された資源が資源提供者の指定した目的範囲に沿って利用されたかどうかという情報」であるとしていることが理解でき，このことは提供された資源がどのような活動に使用されたかを示すことであると捉えることができる。このように捉えれば意思決定に有用な情報の提供は資源の拘束性と非常に関係してくるといえる。

いわゆる，資源の拘束性[3]については，英国チャリティ会計ではファンド会計として規定しており，ファンド会計に従って財務諸表―SOFA と貸借対照表―が作成されている。SOFA も貸借対照表もいずれも無拘束収入資金と使途限定収入資金，基本財産基金といった区分で資源を区分し，資源提供者の拘束性の有無を表示している（日本では，一般に正味財産に対して拘束性の有無を表示している点が異なっている）。

貸借対照表では拘束性の有無を示しつつ，会計年度末の資産，負債，正味財産がどのような拘束の状態にあるのかを表しているのである。さらに SOFA でも拘束性の有無を示しつつ，どの資源（収益）がどの活動に配分（費用）されたかを示すことが可能となっている。

このように，アカウンタビリティの履行と資源提供者の資源配分に関する意思決定に有用な情報の提供のためには，拘束のある資源（収益）がどの活動に使用されたか（費用）を示す必要がある。チャリティ会計では，資源提供者が活動目的（ミッション）に共感して資源を提供し，その目的に従って活動が行われたかどうかを示すことが重要となる。

3 日本の非営利組織会計への援用―NPO法人を中心として―

　NPO法人の活動計算書は発生主義に基づくことが前提となっている。NPO会計基準では複式簿記の採用を推奨しその帰結として「現金主義ではなく発生主義の会計を基本」[4]としている。金子［2009］でも「最近では，非営利組織においても発生主義会計が採用される傾向にあり」[5]としているように，非営利組織には発生主義会計が導入されている。しかし，2011年の内閣府の調査によれば，調査したNPO法人の約34％が「複式簿記・発生主義」を採用しており，残りの約66％は「単式簿記」か「複式簿記・現金主義」を採用しているという調査結果が出ている[6]。非営利組織における発生主義の導入はNPO法人だけでなく，公益法人の会計基準でも「収益・費用の認識基準としての発生主義の適用」（平成20年会計基準）と定められている。

　このように非営利組織において発生主義の採用が提唱されている一方で，実務的にはまだ採用されていないといえる。非営利組織における発生主義会計については第2章で検討したため，これを踏まえて発生主義会計導入によるNPO法人の活動計算書の意義について検討してみたい。

　NPO法人では，2011（平成23）年に「特定非営利活動促進法の一部を改正する法律」が成立し，翌年の4月1日から施行された。改正NPO法によれば「計算書類（活動計算書および貸借対照表をいう。次条第一項において同じ。）および財産目録は，会計簿に基づいて活動に係る事業の実績および財政状態に関する真実な内容を明瞭に表示したものとすること」[7]と定めている。これまでは収支計算書，貸借対照表，財産目録であったが，改正後は活動計算書，貸借対照表，附属書類として財産目録となった。収支計算書は収入・支出の動きに焦点をあてていたが，当期正味財産の増減およびその構造に焦点をあてた「活動計算書」となった[8]。このNPO法人会計基準[9]では，発生主義の採用を明示しているわけではないが発生主義の採用を推奨している。NPO法人における活動計算書については当該事業年度に発生した収益，費用および損失を計上することにより，NPO法人のすべての正味財産の増減の状況を明瞭に表示し，NPO法人の活動の状況を表すものでなければならない[10]とされている。この活動計算書から理解できるように拘束の区分は当該計算書上では行われていない（図

■図表 8-1　NPO 法人の活動計算書

活動計算書
　年 4 月 1 日～　年 3 月 31 日まで

(単位：円)

科　目	金　額	
Ⅰ　経常収益		
1．受取会費	700,000	
2．受取寄付金	290,000	
3．その他収益	10,000	
経常収益計		1,000,000
Ⅱ　経常費用		
1．事業費		
(1)　人件費		
臨時雇賃金	200,000	
人件費計	200,000	
(2)　その他経費		
旅費交通費	300,000	
通信運搬費	100,000	
その他経費計	400,000	
事業費計		600,000
2．管理費		
(1)　人件費		
人件費計	0	
(2)　その他経費		
印刷製本費	150,000	
通信運搬費	100,000	
雑費	50,000	
その他経費計	300,000	
管理費計		300,000
経常費用計		900,000
当期正味財産増減額		100,000
前期繰越正味財産額		200,000
次期繰越正味財産額		300,000

出典：NPO 法人会計基準，財務諸表等サンプルパターン 4（記入例），一部修正。

表 8-1 参照)。

　NPO 法人では，使途が指定された寄付金等を受け取った場合，原則としては経常収益の部に「受取寄付金」と計上し，その受入額，使用額，期末残額等を注記することになっている（**図表 8-2** 参照)。

■図表 8-2　使途等が制約された寄付等の内訳

　使途等が制約された寄付等の内訳は以下の通りである。当法人の正味財産は15,000,000円であるが、そのうち13,000,000円は○○援助事業と○○基金事業に使用される財産である。したがって、使途が制約されていない正味財産は2,000,000円ある。

内容	期首残高	当期増加額	当期減少額	期末残高	備考
○○援助事業	0	5,000,000	2,000,000	3,000,000	翌期に使用予定の支援用資金
○○基金事業	10,000,000	0	0	10,000,000	A事業のための基金
合計	10,000,000	5,000,000	2,000,000	13,000,000	

出典：NPO法人会計基準協議会［2018］61頁，使途等が制約された寄付等の内訳，文言について一部削除・修正。

　使途が拘束された寄附金を受け入れかつ重要性が高い場合には、活動計算書を指定正味財産の部と一般正味財産の部に分けて表示することになっている[11]。また、事業別損益の状況を示すこともあるが、これについては非営利組織の任意であるとしている。これは収益と費用を各々事業ごとに把握できる。しかし、収益あるいは費用がどのような拘束かということを示しているわけではない（**図表 8-3** 参照）。

　このように、NPO法人の活動計算書では寄付金等の使途の拘束については当該計算書上で記載するのではなく、注記情報として提供されることになっていることが理解できる。しかし、それでは活動計算書上で拘束性の有無について一覧できるわけではないことから、英国チャリティのSORPとは大きく異なっているといえる。

　上記からも理解できるように、NPO法人の活動計算書では営利組織と同様の様式であり、一会計期間の収益と費用を対比してその差額である正味財産がどれだけ生じたか（どれだけ繰り越されるか）についての理解しかできない。すなわち、非営利組織における発生主義を採用した場合の使途の拘束の有無のある収益と活動目的にしたがった費用の配分関係は、ここからは理解できないといえる。

　チャリティ会計の特徴を再度整理すると、その特徴は発生主義会計を採用しかつ拘束の有無によって区分することで、拘束あるいは無拘束の収益を、拘束

■図表 8-3　事業別損益の状況

科　目	A事業	B事業	C事業	事業部門計	管理部門	合計
Ⅰ　経常収益						
1．受取会費					5,850,000	5,850,000
2．受取寄付金	828,000	6,000,000		6,828,000	3,500,000	10,328,000
3．受取助成金等	4,000,000	2,000,000		6,000,000		6,000,000
4．事業収益	2,000,000	5,000,000	5,500,000	12,500,000		12,500,000
5．その他収益					150,000	150,000
経常収益計	6,828,000	13,000,000	5,500,000	25,328,000	9,500,000	34,828,000
Ⅱ　経常費用						
(1)　人件費						
役員報酬	2,000,000	3,000,000		5,000,000	1,000,000	6,000,000
給料手当	1,500,000	3,000,000	5,000,000	9,500,000	1,000,000	10,500,000
法定福利費	300,000	650,000	550,000	1,500,000	100,000	1,600,000
人件費計	3,800,000	6,650,000	5,550,000	16,000,000	2,100,000	18,100,000
(2)　その他経費						
印刷製本費	1,800,000			1,800,000		1,800,000
旅費交通費	850,000	350,000	250,000	1,450,000		1,450,000
通信運搬費	150,000	200,000	200,000	550,000	250,000	800,000
地代家賃	200,000	300,000	500,000	1,000,000	200,000	1,200,000
施設等評価費用	828,000			828,000		828,000
減価償却費	500,000			500,000	100,000	600,000
支払寄付金		5,100,000		5,100,000		5,100,000
消耗品費					250,000	250,000
雑費					100,000	100,000
その他経費計	4,328,000	5,950,000	950,000	11,228,000	900,000	12,128,000
経常費用計	8,128,000	12,600,000	6,500,000	27,228,000	3,000,000	30,228,000
当期経常増減額	△1,300,000	400,000	△1,000,000	△1,900,000	6,500,000	4,600,000

出典：NPO 法人会計基準協議会［2018］60 頁，事業別損益の状況。

あるいは無拘束の費用（事業活動）に，いかに配分したかを明らかにすることができ，また，どれだけの拘束あるいは無拘束の資源が非営利組織に残っているのかを把握することができるといえる。

　このように捉えると NPO 法人の現在の活動計算書は，①非営利組織の継続性を示す（収益と費用の差額），②アカウンタビリティの履行（正味財産の拘束）を示してはいるが，一覧表示としての資源の拘束性および収益の費用への配分については十分に示したものではなく，意思決定に有用な情報の提供はあまり行えていないといえる。

　このような情報の提供には，本書を通じて検討してきたように，チャリティ会計における詳細な拘束区分別の縦覧式の様式を採用した財務諸表を作成する

ことが必要であろう。

4 おわりに

　本章では日本の非営利組織の1つであるNPO法人を取り上げその計算書を中心にどのような情報開示を行えているのかについて検討した。その結果，NPO法人では活動計算書が作成され，その情報開示についてもアカウンタビリティの履行を示していた。しかし，意思決定に有用な情報の提供はそれほど行われていないと考えられる。

　一方，英国のチャリティ会計では資源提供者の使途指定を中心としたファンド会計が存在し，発生主義を採用するといった特徴がみられた。これらのうち発生主義については営利組織のものを採用していると考えられるため，本書の第2章では非営利組織における発生主義会計について検討を行った。その結果，SORPでは資源を5つの拘束区分に分けて表示することを求めていた。具体的にチャリティの財務諸表であるSOFAでは3つに区分する様式が採用されていた。このような詳細な拘束区分別を行うことによって本書で考える非営利組織における発生主義を採用した計算書の作成が可能となっているといえる。

　英国チャリティ会計ではアカウンタビリティの履行を基礎としながらも意思決定に有用な情報の提供まで情報開示の目的を拡張し，発生主義とファンド会計を採用した計算書によって当該目的を遂行することが可能となるのである。

　もちろん，この2つの特徴のみでアカウンタビリティの履行と意思決定有用な情報の提供のすべてが行えると考えているわけではない。本章では取り上げていないキャッシュ・フロー計算書やナラティヴ情報などのさらなる研究も必要であると考える。これらの点については今後の検討課題としたい。

●注
1　川村［2012］357頁。
2　日本公認会計士協会［2015］パラグラフ2.5。ただし，日本公認会計士協会［2015］では次のように続けている。「より重要なことは，当該資源を提供した者が事後的に組織に

終章　日本の非営利組織会計への展望　　185

よる資源の利用状況を確認し，その妥当性を評価するための材料となるということである」（日本公認会計士協会［2015］パラグラフ2.5）としてアカウンタビリティの履行の重要性も説いている。
3　藤井［2017b］20-21頁。
4　NPO会計基準協議会［2018］「議論の経緯と結論の背景」パラグラフ15-17。
5　金子［2009］1頁。
6　内閣府大臣官房市民活動促進課［2011］18頁。
7　NPO法，第27条第3項。
8　NPO法の改正は2016（平成28）年にさらに改正された。当該改正では，(1)認証申請時の添付書類の縦覧期間の短縮等，(2)貸借対照表の公告及びその方法の規定の新設，(3)内閣府ポータルサイトにおける情報の提供の拡大，(4)事業報告書等及び役員報酬規程等の備置期間の延長等，(5)認定NPO法人等の海外送金等に関する書類の事後届け出等への一本化，(6)「仮認定特定非営利活動法人」の名称を「特例認定特定非営利活動法人」へ変更である。この改正は2017（平成29）年4月1日から施行された。
9　NPO法人会計基準によれば，会計基準の目的は(1)NPO法人の会計の報告の質を高め，NPO法人の健全な運営に資すること，(2)財務の視点から，NPO法人の活動を適正に把握し，NPO法人の継続可能性を示すこと，(3)NPO法人を運営する者が，受託した責任を適切に果たしたか否かを明らかにすること，(4)NPO法人の財務諸表等の信頼性を高め，比較可能にし，理解を容易にすること，(5)NPO法人の財務諸表等の作成責任者に会計の指針を提供すること（NPO法人会計基準，Ⅰ，パラグラフ1）である。
10　NPO法人会計基準，Ⅲ，パラグラフ9。
11　NPO法人会計基準，記載例4より。

参考文献

■日本語文献

会田一雄［1998］「非営利組織の評価と業績測定手法」『非営利法人』第34巻第11号，4-10頁。
─────［2002］「非営利組織体の業績評価」，杉山・鈴木編著［2002］，125-139頁。
會田義雄［1984］「非営利組織体の財務諸表のあり方─公益法人会計基準の見直しに関連して─」『企業会計』第36巻第3号，348-357頁。
網倉章一郎［2004］「英国のチャリティ改革に関する一考察」『城西国際大学紀要』第12巻第1号，27-42頁。
─────［2005］「英国のチャリティ改革を読む」『城西国際大学紀要』第13巻第1号，11-28頁。
─────［2008］「英国の新チャリティ法の成立とチャリティ・セクターのあり方」『城西国際大学紀要』第16巻第1号，51-89頁。
雨宮孝子［2004］「非営利法人制度の国政比較」，塚本一郎・古川俊一・雨宮孝子編著『NPOと新しい社会デザイン』同文舘出版，2004年，93-131頁。
池田享誉［2000a］「FASB アンソニー報告書について─非営利会計における基礎概念の検討─」『東京経済大学会誌（経営学）』第218号，263-294頁。
─────［2000b］「FASB 統合的会計概念フレームワークの検討─SFAC第4号と第6号を中心に－」『東京経済大学会誌（経営学）』第220号，149-174頁。
─────［2007］『非営利組織会計概念形成論』森山書店。
石津寿惠［2016］「非営利組織における補助金等の収益認識」『日本簿記学会年報』第31号，88-99頁。
─────［2017］「使途制約がある寄付金等の会計処理」，非営利法人研究学会 公益法人会計研究委員会［2017］，41-55頁。
石村耕治［2008］「イギリスのチャリティ制度改革(1)─法制と税制の分析を中心に─」『白鷗法學』第12巻第2号，1-180頁。
─────［2015］「イギリスのチャリティと非営利団体制度改革に伴う法制の変容─2011年チャリティ法制の分析を中心に─」『白鷗法學』第21巻第2号，61-251頁。
井尻雄士［1976］『会計測定の理論』東洋経済新報社。
井戸一元［2001］「イギリスの財務報告」『豊橋創造大学短期大学部研究紀要』第18号，39-67頁。
井上達男・山地範明［2015］『エッセンシャル財務会計 第2版』中央経済社。
今田　忠［2001］「英国のコミュニティ開発組織」『コミュニティ政策研究』第3巻，15-28頁。
上原優子［2010a］「英国チャリティ─SORPの発展とチャリティの財務報告─」『非営利法人研究学会誌』第12号，137-151頁。
─────［2010b］「英国チャリティの会計─SORPとチャリティの財務報告─」『プ

ロフェッショナル会計学研究年報（青山学院大学大学院）』第 3 号，21-39 頁。
─────［2016］「英国における IFRS の導入とチャリティ会計への影響」『公益法人』第45巻第 6 号，2-9 頁。
江田　寛［2011］「NPO 法人会計基準の現状と課題」『會計』第179巻第 4 号，44-55頁。
─────［2017］「民間非営利法人の会計を考えるにあたって必要ないくつかの視点」，非営利法人研究学会　公益法人会計研究委員会［2017］，5-14頁。
遠藤尚秀・石原俊彦［2009］「英国地方自治体の財務会計基準設定に関する一考察─CIPFA により設定された SORP を中心として─」『ビジネス＆アカウンティングレビュー』第 4 号，107-122頁。
岡村勝義［1999］「公益法人の情報公開」，公益法人研究学会編［1999］『実務必携　公益法人』財団法人　運輸政策研究機構，241-262頁。
─────［2011］「公益法人会計基準の現状と課題」『會計』第179巻第 4 号，15-27頁。
岡村東洋光［2012］「ジョーゼフ・ラウントリーの「公益」思想─三トラストの活動を中心に─」『経済学論集（東京大学経済学会）』第78巻第 1 号，2-15頁。
沖野光二［2011］「英国財務報告制度の将来像の新たな展開─英国 ASB 財務報告公開草案（草案 FRS100, 101and102）を手掛かりとして─」『国際会計研究学会年報』第 2 号，75-91頁（http://jaias.org/2011bulletin_2/06_JPN.pdf，2017年12月 7 日アクセス）。
尾上選哉［2015a］「英国チャリティ委員会のアカウンタビリティと年次報告書」『研究年報（大原大学院大学）』第 9 号，107-11頁（www.o-hara.ac.jp/grad/pdf/nenpo09_04.pdf，2016年 5 月 5 日アクセス）。
─────［2015b］「英国チャリティの公益性判断基準─チャリティ登録時を中心として─」『非営利法人研究学会』第17号，37-47頁。
片山　覺［2011］「学校法人会計基準の現状と課題」『會計』第179巻第 4 号，28-43頁。
学校法人会計基準の在り方に関する検討会［2013］『学校法人会計基準の在り方について』（http://www.mext.go.jp/b_menu/shingi/chousa/koutou/054/gaiyou/__icsFiles/afieldfile/2013/02/08/1330460_1.pdf，2018年 6 月 5 日アクセス）。
金子良太［2009］「非営利組織における純資産と負債の区分」IMES Discussion Paper Series, 2009-J-11，日本銀行金融研究所（https://www.imes.boj.or.jp/research/papers/japanese/09-J-11.pdf，2018年 6 月13日アクセス）。
─────［2016］「公益法人・NPO 法人における会計の機能と課題」，柴健次編著『公共経営の変容と会計学の機能』同文舘出版，253-270頁。
兼平裕子［2010］「日英寄付文化の相違点を踏まえての寄付金税制の検討」『愛媛大学法文学部論集　総合政策学科編』第28巻，127-160頁。
川島和浩［1995］「英国における会計実務勧告書の現状」『宮古短期大学研究紀要』第 5 巻第 2 号，93-100頁。
川村義則［2010］「公益法人会計基準にみる非営利法人会計の基礎概念」『非営利法人研究学会誌』第12号，1-10頁。

―――――［2012］「公益法人会計における基準形成と基礎概念」，大塚宗春・黒川行治責任編集［2012］『政府と非営利組織の会計』中央経済社，333-365頁。

菊谷正人［2002］『国際的会計概念フレームワークの構築―英国会計の概念フレームワークを中心として―』同文舘出版。

北川道男［1992］『英国会計制度の国際化』高文堂出版社。

木下照嶽［1995］「政府・非営利企業の会計―ケース・スタディーⅡ」，石崎忠司・木下照嶽・堀井照重編著［1995］『政府・非営利企業会計』創成社，72-95頁。

國見真理子［2016］「社会福祉法人の会計制度の変遷に関する一考察―2016年社会福祉法改正を踏まえて―」『田園調布学園大学紀要』第11号，95-111頁。

久保田音二郎［1972］「報告の制度会計とその課題」『企業会計』第24巻第1号，52-60頁。

倉田三郎監修・著［2015］『資金会計論の系譜と展開』ふくろう出版。

黒木　淳［2013］「非営利組織会計の現状と課題―会計の基本目的を中心に―」『経営研究（大阪市立大学）』第63巻第4号，149-171頁。

経済企画庁　国民生活局［1999］『特定非営利活動法人の会計の手引き』経済企画庁国民生活局。

―――――［2011］『海外におけるNPOの法人制度・租税制度と運用実態調査』大蔵省造幣局。

公益財団法人　公益法人協会［2015］「2006年英国チャリティ改革後の変容調査」（http://www.kohokyo.or.jp/research/docs/uk-chousa_2015.pdf，2016年5月5日アクセス）。

厚生労働省［2012］『医療法人会計基準について』（http://www.mhlw.go.jp/topics/bukyoku/isei/igyou/igyoukeiei/dl/140325-04.pdf，2018年6月5日アクセス）。

厚生労働省　雇用均等・児童家庭局，社会・援護局，障害保険福祉部，老健局［2009］「社会福祉法人の新会計基準（素案）について」（http://www.wam.go.jp/wamappl/db34keiei.nsf/vList/FCBAA72A2B771879492576E9001FEA4F/$FILE/100127-1.pdf，2012年8月18日アクセス）。

国際会計研究学会　研究グループ［2016］『営利・非営利組織の財務報告モデルの研究　中間報告書』（http://jaias.org/UP2016081501.pdf，2018年3月14日アクセス）。

国民生活審議会　総合企画部会［2007］『特定非営利活動法人制度の見直しに向けて』（https://www.npo-homepage.go.jp/uploads/20070628shingikai.pdf，2018年9月6日アクセス）。

國部克彦［1992］「写像と築造の会計理論」『JICPAジャーナル』第440巻第3号，42-43頁。

―――――［1993a］「企業社会報告の基礎理論―正統性理論と社会的アカウンタビリティ理論―」，会計フロンティア研究会編［1993］『財務会計のフロンティア』中央経済社，325-332頁。

―――――［1993b］「社会的アカウンタビリティの論点」『経営研究（大阪市立大学）』

第44巻第1号，29-45頁。
───────［1999a］「アカウンタビリティとは何か」『環境情報科学』第28巻第3号，9-41頁。
───────［1999b］『社会と環境の会計学』中央経済社。
───────［2017］『アカウンタビリティから経営倫理へ─経済を超えるために─』有斐閣。
小堀好男［1993］『英国会計基準の系譜と展開』千倉書房。
近藤恭正［1976］「会計人の役割─会計責任（アカウンタビリティ）の世界と意思決定の世界に関連して─」『同志社商学』第28巻第2号，25-37頁。
齋藤真哉［2011］「非営利組織体会計の現状と課題」『會計』第179巻第4号，1-14頁。
齊野純子［2006］『イギリス会計基準設定の研究』同文舘出版。
───────［2014］「IFRSを基軸とするイギリス会計規制の概観」『関西大学商学論集』第59巻第3号，41-55頁。
桜井久勝［2018］『財務会計講義　第19版』中央経済社。
佐橋義金［1980］「会計責任と会計公準(1)」『名城商学』第29巻第4号，18-39頁。
城多　努［2009］「英国チャリティ会計の動向」『公益法人』第38巻第9号，2-8頁。
社団法人日本私立大学連盟　経営委員会財務会計分科会［2007］『新たな学校法人会計基準の確立を目指して─外部報告の充実のために─』（C:¥Users¥wh¥AppData¥Local¥Packages¥Microsoft.MicrosoftEdge_8wekyb3d8bbwe¥TempState¥Downloads¥2007keiei_houkoku02.pdf，2018年3月24日アクセス）。
新日本監査法人編［2005］『学校法人の会計実務詳解　第2版』中央経済社。
杉山　学・鈴木　豊編著［2002］『非営利組織体の会計』中央経済社。
須藤芳正・谷光　透［2011］「非営利組織体における会計基準設定の歴史的展開─アメリカの展開と日本への示唆─」『川崎医療福祉学会誌』第20巻第2号，465-473頁。
総務省編［2005］『平成17年版　公益法人白書』総務省。
武田安弘［1995］「会計の原点─会計責任とその拡充─」『會計』第147巻第6号，35-48頁。
武田安弘・橋本俊也［2001］「アメリカにおける寄付金会計の特質─FAS財務会計基準第116号を中心に─」『経営学研究（愛知学院大学論叢）』第10巻第3・4合併号，39-49頁。
田中　弘［1991］『イギリスの会計基準　形成と課題』中央経済社。
───────［1993］『イギリスの会計制度─わが国会計制度との比較検討』中央経済社。
田村祐子［2017］「【イギリス】2016年チャリティ（保護及び社会的投資）法」『外国の立法』第270巻第2号，国立国会図書館調査及び立法考査局。
千葉　洋［2012］「比較可能性が求められる学校法人会計」，大塚宗春・黒川行治責任編集［2012］『体系現代会計学第9巻　政府と非営利組織の会計』中央経済社，367-394頁。

中小企業庁　事業環境部財務課［2010］『諸外国における会計制度の概要　中小企業の会計に関する研究会事務局参考資料1』（http://www.meti.go.jp/committee/summary/0004658/007_06j.pdf，2017年5月7日アクセス）。

特定非営利活動法人の会計の明確化に関する研究会［2011］『特定非営利活動法人の会計の明確化に関する研究会報告書』（https://www.npo-homepage.go.jp/uploads/report28_houkokusyo.pdf，2018年6月13日アクセス）。

内閣府　大臣官房市民活動促進課［2011］『特定非営利活動法人の会計の在り方に関するインターネットアンケート調査　報告書』（https://www.npo-homepage.go.jp/uploads/report28_2_shiryo_2.pdf，2018年6月13日アクセス）。

内閣府　公益認定等委員会［2013］『公益法人制度の国際比較概略』（https://www.koeki-info.go.jp/pictis_portal/other/pdf/20130801_kokusai_hikaku.pdf，2017.2.24）

─────［2015］『公益法人の会計に関する諸課題の検討状況について』（https://www.koeki-info.go.jp/pictis_portal/common/index.do?contentsKind=120&gyouseiNo=00&contentsNo=00009&syousaiUp=1&procNo=contentsdisp&renNo=1&contentsType=02&houjinSerNo=&oshiraseNo=&bunNo=1120937958&meiNo=1121066179&seiriNo=&edaNo=461&iinkaiNo=undefined&topFlg=0，2018年8月7日アクセス）。

─────［2018］『公益法人の会計に関する諸課題の検討結果について（案）』（http://search.e-gov.go.jp/servlet/PcmFileDownload?seqNo=0000173473，2018年8月7日アクセス）。

内閣府　国民生活局［2004］『認定NPO法人制度―NPO法人の活動と寄附文化の発展に向けて―』（http://www.npo-homepage.go.jp/zeisei-pamphlet.pdf，2004年12月12日アクセス）。

中川健蔵［2012］『社会福祉法人の会計と税務の要点―基礎と事例―四訂版』税務経理協会。

中島智人［2007］「ボランタリー・コミュニティセクター（VCS）の基盤整備に向けた取り組み―チャリティ制度改革とVCSインフラストラクチャーのための諸施設―」，塚本一郎・柳澤敏勝・山岸秀雄編著［2007］『イギリス非営利セクターの挑戦　NPO・政府の戦略的パートナーシップ』ミネルヴァ書房，24-44頁。

中田信正［1977］「伝統的会計責任の充実」『桃山学院大学経済経営論集』第18巻第4号，29-49頁。

中野常男［2000］『複式簿記会計原理　第2版』中央経済社。

日本公認会計士協会［2008］『非営利法人委員会研究資料第3号　非営利法人会計の現状と展望』日本公認会計士協会（http://www.hp.jicpa.or.jp/specialized_field/pdf/2-13-3-2-20080902.pdf，2018年3月7日アクセス）。

─────［2013］『非営利法人委員会研究報告第25号　非営利組織の会計枠組み構築に向けて』日本公認会計士協会（http://www.hp.jicpa.or.jp/specialized_field/

files/2-13-25-2a-20130702.pdf，2018年3月2日アクセス）。
―――――［2015］『非営利組織会計検討会による報告　非営利組織の財務報告の在り方に関する論点整理』日本公認会計士協会（http://www.hp.jicpa.or.jp/specialized_field/files/5-0-0-2a-20150616.pdf，2018年3月2日アクセス）。
―――――［2016a］『非営利法人委員会研究報告第30号　非営利組織会計基準開発に向けた個別論点整理―反対給付のない収益の認識―』日本公認会計士協会（http://www.hp.jicpa.or.jp/specialized_field/files/2-13-30-2a-20160920.pdf，2018年3月2日アクセス）。
―――――［2016b］『非営利法人委員会実務指針第38号　公益法人会計基準に関する実務指針』日本公認会計士協会（https://jicpa.or.jp/specialized_field/files/2-13-38-2a-20161222.pdf，2018年8月7日アクセス）。
日本公認会計士協会　近畿会　公益会計委員会［2000］『非営利法人統一会計基準についての報告書』日本公認会計士協会　近畿会　公益会計委員会。
野手裕之［2013］「発生主義会計における期間費用について」『千葉商大論叢（千葉商科大学）』第50巻第2号，169-185頁。
橋本俊也［2004］「イギリスにおける非営利組織体の会計―チャリティ団体の財務報告を中心に―」『経営学研究（愛知学院大学論叢）』第14巻第1号，79-95頁。
―――――［2007］「わが国における非営利組織体会計の現状と課題」『経営学研究（愛知学院大学論叢）』第16巻第2号，37-58頁。
―――――［2017］「非営利組織における特殊な収益取引」非営利法人研究学会　公益法人会計研究委員会［2017］，57-76頁。
長谷川哲嘉［2012］「非営利会計の混迷」『早稲田商学』第432号，111-174頁。
―――――［2014］『非営利会計における収支計算書―その意義を問う―』国元書房。
馬場英朗［2009］「非営利組織の財務評価―NPO法人の財務指標分析および組織評価の観点から」『非営利法人研究学会誌』第11巻，145-162頁。
―――――［2013］「非営利組織のガバナンス―市民主体によるモニタリングの理念と現実―」『地域デザイン研究』第1号，9-19頁。
非営利法人研究学会　公益法人会計研究委員会［2017］『最終報告書　非営利組織会計の研究』全国公益法人協会。
日野修造［2011］「NPO法人会計基準［最終案］における正味財産の検討」『中村学園大学・中村学園大学短期大学部研究紀要』第43号，233-241頁。
―――――［2016］『非営利組織体財務報告論―財務的生存力情報の開示と資金調達―』中央経済社。
兵頭和花子［2006］「ミッション評価の必要性とその実態―特定非営利活動法人を中心として―」『非営利法人研究学会誌』第8巻，140-147頁。
―――――［2017］「事業費および管理費の区分について」非営利法人研究学会　公益法人会計研究委員会［2017］，77-91頁。
―――――［2018a］「英国チャリティ会計の歴史的構築―1988年の会計実務勧告書

（SORP）公表以前―」『商大論集（兵庫県立大学）』第69巻第3号，167-182頁。
―――［2018b］「非営利組織における純資産の拘束性について―日本と英国を対比して―」『商大論集（兵庫県立大学）』第70巻第1号，43-55頁。
藤井秀樹［1998］「非営利組織体のコントロールと会計の役割」『組織科学』第32巻第1号，16-26頁。
―――［2004］「アメリカにおける非営利組織体会計基準の構造と問題点―R. N. アンソニーの所説を手がかりとして―」『商経学叢（近畿大学）』第50巻第3号，397-414頁。
―――［2006］「非営利組織の制度進化と新しい役割」『非営利法人研究学会誌』第8巻，1-17頁。
―――［2008a］「非営利組織ミッションと財務報告の課題」『非営利法人研究学会誌』第10巻，1-13頁。
―――［2008b］「非営利組織会計の基本問題に関する再検討―寄贈資産の減価償却をめぐる R. N. アンソニーの所説に寄せて」『商経学叢（近畿大学）』第55巻第1号，117-130頁。
―――［2009］「財務会計論序説」『商経学叢（近畿大学）』第56巻第2号，769-793頁。
―――［2010］「非営利法人における会計基準統一化の可能性（特集　非営利法人の会計基準統一の可能性をさぐる）」『非営利法人研究学会誌』第12巻，23-35頁。
―――［2012］「特集にあたって―研究の背景と課題（特集　非営利組織のアカウンタビリティとガバナンス）」『経済論叢（京都大学）』第186巻第1号，1-5頁。
―――［2017a］『入門財務会計　第2版』中央経済社。
―――［2017b］「非営利組織の組織特性と収益認識」非営利法人研究学会　公益法人会計研究委員会［2017］，17-28頁。
古市雄一朗［2009］「非営利組織の会計における財務的継続能力の理解」『福山大学経済学論集』第34巻第2号，77-92頁。
古庄　修［1997］「会計とアカウンタビリティ―コーポレート・ガバナンスをめぐる論点―」『企業会計』第49巻第5号，65-71頁。
―――［2002］「イギリスにおけるチャリティ会計」，杉山学・鈴木豊編著［2002］，165-177頁。
―――［2003］「非営利組織体のアカウンタビリティとディスクロージャー―英国チャリティの検討を中心として―」『公益法人研究学会誌』第5号，1-13頁。
―――［2008］「英国チャリティの年次報告制度に学ぶ　非営利組織の業績報告」『非営利法人』第760号，4-14頁。
―――［2012］「英国チャリティ法改正と年次報告書開示制度―公益性報告の制度的枠組みを中心として」『会計プロフェッション（青山学院大学）』第8号，43-57頁。
―――［2013］「英国財務報告制度の再編成と非営利組織体会計」『産業経営研究』

第35号，15-22頁（http://www.eco.nihon-u.ac.jp/center/industry/publication/research/pdf/35/35_furusho.pdf，2017年12月7日アクセス）。

──────［2014］「非営利法人会計基準の統一問題」『非営利法人研究学会誌』第16号，35-45頁。

──────［2017a］「英国非営利組織の新財務報告制度─チャリティSORPの適用及び年次報告書に係る改訂点─」『公益・一般法人』第944号，28-39頁。

──────［2017b］「英国チャリティの財務報告制度構造」，非営利法人研究学会　公益法人会計研究委員会［2017］，135-146頁。

堀田和宏「第1章　理事会の役割と機能に関する多様な理論とモデル⑵─スチュアートシップ理論とステークホルダー理論─」『非営利法人』第786号，全国公益法人協会，2010年，48-51頁。

──────［2004］「非営利組織の業績評価の新たな展開」『非営利法人』第713号，16-27頁。

──────［2012］『非営利組織の理論と今日的課題』丸善出版。

洪　慈乙［2005］「新しい財務表の制度化と財務諸表の体系─イギリスにおける「キャッシュフロー計算書」および「総認識利得損失計算書」の制度化を中心として─」『山形大学紀要（社会科学）』第35巻第2号，153-173頁。

松尾聿正［1977］「会計責任：その遂行形態と本質」『関西大学商学論集』，第22巻第1号，35-50頁。

溝上達也［2003］「資金計算書における資金概念と表示区分との関連性について」『松山大学論集』第15巻第2号，297-311頁。

宮本幸平［2014］「企業会計との統一化を指向した非営利組織会計の表示妥当性考察」『非営利法人研究学会誌』第16号，58-69頁。

──────［2015］『非営利組織会計基準の統一─会計基準統一化へのアプローチ─』森山書店。

──────［2017］「非営利組織会計における収益の認識原則」，非営利法人研究学会　公益法人会計研究委員会［2017］，29-39頁。

守永誠治［1989］『非営利組織体会計の研究─民法34条法人・社会福祉法人・宗教法人を中心として─』慶応義塾大学商学会商学研究叢書。

文部科学省［2007］『諸外国におけるボランティア活動に関する調査研究　報告書』文部科学省（http://www.mext.go.jp/a_menu/shougai/houshi/07101511.htm，2016年5月2日アクセス）。

文部科学省高等教育局私学部参事官付［2016］『学校法人会計基準について』（http://www.mext.go.jp/component/a_menu/education/detail/__icsFiles/afieldfile/2016/09/28/1377577_3.pdf，2018年6月5日アクセス）。

山地秀俊［1999］『情報公開制度としての現代会計』同文舘。

吉田　寛［1975a］「アカウンタビリティの現代的意義」『企業会計』第27巻第12号，18-23頁。

―――――［1975b］「会計責任論雑考」『會計』第108巻第3号，52-64頁。

―――――［1982］「責任論」，青柳文司編著『会計理論の基礎知識』中央経済社，1982年，111-134頁。

吉田正人［2009］「わが国における福祉会計の史的展開―社会福祉法人会計制度の草創期を中心にして―」『千葉商大論叢』第47巻第1号，171-194頁。

―――――［2012］「社会福祉法人新会計基準の特性と今後の方向性」『千葉商大論叢』第49巻第2号，159-175頁。

米田敬子［1978］「意思決定と会計責任―財務予測情報の公開をめぐって―」（井上達雄博士古稀記念論文集）」『商学論纂（中央大学商学研究会）』第19巻第4-6号，383-403頁。

依田俊伸［2004］「英国チャリティ会計における財務諸表」『産業経理』第63巻第4号，59-69頁。

四病院団体協議会会計基準策定小委員会［2014］『医療法人会計基準に関する検討報告書』（https://www.ajha.or.jp/topics/4byou/pdf/140227_1.pdf，2018年9月4日アクセス）。

若林茂信［1987］『新アメリカ　イギリス公会計―制度と実務―』高文堂出版社。

―――――［1997］『アメリカの非営利法人会計基準―日本の非営利法人会計への教訓―』高文堂出版。

IFRS財団編［2017］『IFRS基準PartA』中央経済社。

KPMG/あずさ監査法人編［2014］『英国の新会計制度』中央経済社。

NPO法人会計基準協議会［2017］「［2017年12月12日資料］「NPO法人会計基準」の一部改正について」（http://www.npokaikeikijun.jp/wp-content/uploads/18e9266686a76421b403183aa10d6263.pdf，2018年9月6日アクセス）。

―――――［2018］『NPO法人会計基準　完全収録版　第3版』八月書館。

NPO法人会計基準協議会専門委員会［2012］『NPO法人会計基準ハンドブック』，認定NPO法人NPO会計税務専門家ネットワーク（http://www.npokaikeikijun.jp/wp-content/uploads/2012/02/handbook201202.pdf，2018年3月3日アクセス）。

■外国語文献

American Accounting Association［1966］*A Statement of Basic Accounting Theory*, AAA（飯野利夫訳［1969］『アメリカ会計学会　基礎的会計理論』国元書房）。

―――――［1971］"Report of the Committee on Accounting Practice of Not-for-Profit Organizations," *The Accounting Review*, Supplement to Vol. 46, pp. 80-163（法政大学会計学研究室訳［1973］『アメリカ会計学会　基礎的会計理論の展開』同文舘，211-279頁）。

Accounting Standards Board［1996］*Financial Reporting Standard 1（Revised 1996）, Cash Flow Statement*, ASB（https://www.frc.org.uk/getattachment/

c30fb305-6f0f-4841-8fa7-8e82011a13fc/FRS-1-(Revised-1996)-Cash-Flow-Statements-Oct-1996.pdf, 2018年3月24日アクセス).

―――― [1999] *The Statement of Principles for Financial Reporting* (https://www.frc.org.uk/Our-Work/Publications/ASB/Statement-Statement-of-Principles-for-Financial-Re.pdf, 2017年4月25日アクセス).

―――― [2007] *Statement of Principles for Financial Reporting: Interpretation for Public Benefit Entities*, ASB.

―――― [2012] *The Future of Financial Reporting in the UK and Republic of Ireland: Revised Financial Reporting Exposure Drafts*, ASB.

―――― [1984] *Accounting by Charities: a Discussion Paper*, ASC.

―――― [1985] *Accounting by Charities-Exposure Draft [of a] Proposed Statement of Recommended Practice (Exposure Draft ; No. 38) in Accounting Standards 1986/87*, Institute of Chartered Accountants in England and Wales, pp. 37-65.

―――― [1986] *Accounting by Charities-Comments Received on Exposure Draft, No. 38*, ASC, London.

―――― [1988] "Accounting by Charities," *in Accounting Standards 1988/89*, The Institute of Chartered Accountants in England and Wales, pp. 5.23-5.101, ASC.

Accounting Standards Steering Committee [1975a] *Corporate Report*, ASSC.

―――― [1975b] *Statement of Standard Accounting Practice No. 10, Statements of Source and Application of Funds*, ASC (田中弘・原 光世訳 [1990] 『イギリス会計基準書』中央経済社).

Anthony, R. N. [1978] *FASB Research Report: Financial Accounting in Nonbusiness Organizations An Exploratory Study of Conceptual Issues*, FASB.

Ashford, J. K. [1989] "Charity Accounts," in *Financial Reporting 1989-90*, The Institute of Chartered Accountants in England and Wales, pp. 23-48.

Bird, P. [1984] "Charity Accounts," in *Financial Reporting 1984-85*, The Institute of Chartered Accountants in England and Wales, pp. 36-76.

―――― and Morgan-Jones, P. [1981] *Financial Reporting by Charities*, The Institute of Chartered Accountants in England and Wales.

Blake, J. and Walker, A. F. [2016] *The Charities Acts Handbook: A Practical Guide*, Lexis Nexis, Hampshire.

Cabinet Office [2002] *The Private Action, Public Benefit-A Review of Charities and the Wider Not-For-Profit Sector-, Strategy Unit Report, Cabinet Office* (http://webarchive.nationalarchives.gov.uk/+/http:/www.cabinetoffice.gov.uk/media/cabinetoffice/strategy/assets/strat%20data.pdf, 2017年4月9日アクセス).

Charity Aid Foundation [2017] CAF UK Giving 2017 (https://www.cafonline.org/docs/default-source/about-us-publications/caf-uk-giving-web.pdf?sfvrsn=8,

2018年2月23日アクセス).
Charity Commission [2004] *RS8-Transparency and Accountability*, Charity Commission, London (https://www.gov.uk/government/uploads/system/uploads/attachment_data/file/284721/rs8text.pdf, 2017年4月8日アクセス).
――― [2005] *Accounting and Reporting by Charities: Statement of Recommended Practice (Revised 2005)*, (https://assets.publishing.service.gov.uk/government/uploads/system/uploads/attachment_data/file/354885/sorp05textcolour.pdf, 2017年10月3日アクセス).
――― [2013] *Charity Reporting and Accounting: the Essentials* (https://www.gov.uk/government/uploads/system/uploads/attachment_data/file/434789/cc15b_Lowink.pdf, 2017年3月11日アクセス).
――― [2014]「*What's changed?*」(http://www.charitysorp.org/media/623816/charity-sorp-help-sheet-2.pdf, 2018年1月23日アクセス).
――― [2015] *Accounting and Reporting by Charities: Statement of Recommended Practice applicable to charities preparing their accounts in accordance with the Financial Reporting Standard applicable in the UK and Republic of Ireland (FRS 102)*, (http://www.charitysorp.org/media/619101/frs102_complete.pdf, 2017年11月7日アクセス).
――― [2016] *Amendments to Accounting and Reporting by Charities: Statement of Recommended Practice applicable to charities preparing their accounts in accordance with the Financial Reporting Standard applicable in the UK and Republic of Ireland Update Bulletin 1*, (http://www.charitiessorp.org/media/642756/frs102-bulletin-1.pdf, 2017年12月5日アクセス).
Connolly, C. and Dhanani, A. [2009] *Research report 109 Narrative Reporting by UK Charities*, Association of Chartered Certified Accountants (https://research-repository.st-andrews.ac.uk/bitstream/handle/10023/3798/ACCA-2009-Reporting-Charities.pdf;jsessionid=3587984FCF9C54211BE8ACBAFFD166F1?sequence=1, 2018年3月7日アクセス).
―――, ――― and Hyndman, N. [2013] *Research Report 132: The Accountability Mechanisms and Needs of External Charity Stakeholders*, Association of Chartered Certified Accountants (http://www.accaglobal.com/content/dam/acca/global/PDF-technical/sustainability-reporting/RR-132-001.pdf, 2018年3月7日アクセス).
――― and Hyndman, N. [2000] "Charity Accounting: An Empirical Analysis of the Impact of Recent Changes," *British Accounting Review*, Vol. 32, pp. 77-100.
――― and ――― [2001] "A Comparative Study on the Impact of Revised SORP2 on British and Irish Charities," *Financial Accountability & Management*, Vol. 17, No. 1, pp. 73-97.

―――― and ―――― [2003] *Performance Reporting by UK Charities: Approaches Difficulties and Current Practice*, Institute of Chartered Accountants of Scotland, Edinburgh.

―――― and ―――― [2013] "Charity Accountability in the UK: through the Eyes of the Donor," *Qualitative Research in Accounting and Management*, Vol. 10, No. 3/4, pp. 259-278.

――――, ―――― and McConville, D. [2013] "UK Charity Accounting: an Exercise in Widening Stakeholder Engagement," *British Accounting Review*, Vol. 45, pp. 58-69.

――――, ―――― and ―――― [2015] "UK Charity Accounting Developments, Issues and Recent Research," in Hoque, Z. and Parker, L. ed. [2015] *Performance Management in Nonprofit Organizations: Global Perspectives*, Routledge, pp. 155-182.

――――, ―――― and McMahon, D. [2009] Charity *Reporting and Accounting: Taking Stock and Future Reform*, Charity Commission.

――――, ―――― and ―――― [2013] "Conversion Ratios, Efficiency and Obfuscation: A Study of the Impact of Changed UK Charity Accounting Requirements on External Stakeholders," *Voluntas: International Journal of Voluntary and Nonprofit Organizations*, Vol. 24, No. 3 (September 2013), pp. 785-804.

Crowe Clark Whitehill [2015] *Insight Series-SORP 2015* (https://www.croweclarkwhitehill.co.uk/wp-content/uploads/sites/2/2015/12/charities-sorp-income-recognition.pdf, 2018年2月27日アクセス).

Deloitte [2014] *Charities Alert The FRS 102 SORP*, (https://www2.deloitte.com/content/dam/Deloitte/uk/Documents/charities-not-for-profit/deloitte-uk-frs-102-sorp.pdf, 2018年2月8日アクセス).

Derwent, R. A. [1997] "The Development of Accounting by Charities," in Liz F. and Institute of Chartered Accountants in England and Wales, *Financial Reporting Today: Current and Emerging Issues*, Accountancy Books, Great Britain, pp. 215-251.

Dhanani, A. [2009] "Accountability of UK Charities," *Public Money & Management*, Vol. 29, No. 3, 183-190.

Fenton, L. S. [1980] *Charities and Voluntary Organizations: The Honorary Treasurer*, Institute of Chartered Accountants in England and Wales.

Financial Accounting Standards Board [1978] *Statement of Financial Accounting Concepts No. 1, Objectives of Financial Reporting by Business Enterprises*, FASB（平松一夫・広瀬義州訳 [2002]『FASB財務会計の諸概念 増補版』中央経済社）.

──────[1980] *Statement of Financial Accounting Concepts No. 4, Objectives of Financial Reporting by Nonbusiness Organizations*, FASB（平松一夫・広瀬義州訳［2002］『FASB財務会計の諸概念　増補版』中央経済社）.

Financial Reporting Council［2013］*SORPs: Policy and Code of Practice*, FRC, (https://www.frc.org.uk/getattachment/91be2265-b415-4159-b86d-6044bbe2c25b/SORPs-Policy-and-Code-of-Practice-August-2013.pdf, 2017年12月6日アクセス).

──────[2015a］*FRS 100, Application of Financial Reporting Requirement*, FRC, (https://www.frc.org.uk/getattachment/ebc74d39-3b4a-48f0-bd77-0c4630d08cdc/FRS-100-Web-Ready-2015.pdf, 2017年12月6日アクセス).

──────[2015b］*FRS 101, Reduced Disclosure Framework Disclosure Exemptions from EU-adopted IFRS for Qualifying*, Entities, (http://www.frc.org.uk/getattachment/e0dc7155-e1d8-4bc2-ade3-c9096a09205a/FRS-101-Web-Ready-2015.pdf, 2017年12月6日アクセス).

──────[2015c］*FRS 102, The Financial Reporting Standard applicable in the UK and Republic of Ireland*, (https://www.frc.org.uk/getattachment/e1d6b167-6cdb-4550-bde3-f94484226fbd/FRS-102-WEB-Ready-2015.pdf, 2017年12月6日アクセス).

──────[2016］*Policy on Developing Statements of Recommended Practice (SORPs)*, FRC, (https://www.frc.org.uk/getattachment/ff1fa4d8-5b2f-4918-9867-6bd8020f2ea6/Policy-on-Developing-Statements-of-Recommended-Practice-(March-2016.pdf, 2017年12月6日アクセス).

Freeman, R. E.［1984］*Strategic Management: a Stakeholder Approach*, Pitman.

Gambling, T., Jones, R., Kunz, C. and Pendlebury, M.［1990］*Accounting by Charities: the Application of SORP2*, Chartered Association of Certified Accountants.

Hyndman, N.［1990］"Charity Accounting-An Empirical Study of the Information Needs of Contributors to UK Fundraising Charities," *Financial Management and Accounting*, Vol. 6, No. 4, pp. 295-307.

────── and McDonnell, P.［2009］"Governance and Charities: an Exploration of Key Themes and the Development of a Research Agenda", *Financial Accountability and Management*, Vol. 25, pp. 5-31.

────── and McMahon, D.［2010］"The Evolution of UK Charity Statement of Recommended Practice: Influence of Key Stakeholders," *European Management Journal*, Vol. 28, pp. 455-466.

International Accounting Standards Board［2018］*The Conceptual Framework for Financial Reporting*（IFRS財団編・企業会計基準委員会財務会計基準機構監訳『2016　国際財務報告基準　Part A』中央経済社）(http://www.ctcp.gov.co/_

files/documents/1522788753-5849.pdf，2018年8月3日アクセス）．
Kohler, E. L. [1975] *A Dictionary for Accounting,* 5th ed., Prentice-Hall（染谷恭次郎訳［1989］『コーラー　会計学辞典　復刻版』丸善）．
Macdonald, N. C. L. [1988] "Statements of Cash and Fund Flow," in Skerratt, L. C. L. and Tonkin, D. J. [1988] *Financial Reporting 1987-88: A Survey of UK Reporting Practice,* pp. 17-41.
Mayston, D. [1992] "Capital Accounting, User Needs and the Foundation of a Conceptual Framework for Public Sector Financial Reporting," *Financial Accountability and Management,* Vol. 8, No. 4, pp. 227-248.
National Committee on Municipal Accounting [1941] *Municipal Accounting Statements,* revised, ed., NCMA.
Palmer. P., Isaacs, M. and D'Silva, K. [2001] "Charity SORP Compliance-Findings of a Research Study-," *Managerial Auditing Journal,* Vol. 16, No. 5, pp. 25-262.
─────── and Randall, A. [2002] *Financial Management in the Voluntary Sector: New Challenges,* Routledge.
Pianca, A. [1999] *Charity Accounts -a Practical Guide to the Charities SORP-,* Jordans.
─────── and Dawes, G. [2002] *Charity Accounts -a Practical Guide to the Charities SORP-,* 2nd ed., Jordans.
─────── and Dawes, G. [2006] *Charity Accounts -a Practical Guide to the Charities SORP-,* 3rd ed., Jordans.
─────── and ─────── [2009] *Charity Accounts -a Practical Guide to the Charities SORP-,* 4th ed., Jordans.
─────── and ─────── [2018] *Charity Accounts -a Practical Guide to the Charities SORP (FRS102)-,* 5th ed., LexisNexis.
Randall, A. J. L. [2001] *The ICSA Guide to Charity Accounting Revised SORP 2000 Edition,* ICSA Publishing Ltd, London.
───────, Epton, A. and Young, F. [2001] *Preparing Charity Accounts,* 2nd., ICAEW.
Rutherford, B. A. [1983] *Financial Reporting in the Public Sector,* Butterworths.
─────── [2012] *Financial Reporting in the UK: A History of the Accounting Standards Committee, 1969-1990,* Routledge.
Salamon, L. M. [1992] *America's Nonprofit Sector,* The Foundation Center（入山映訳［1994］『米国の非営利セクター入門』ダイヤモンド社）．
Sayer, K. [2003] *A Practical Guide to Charity Accounting Preparing Charity SORP Accounts,* Directory of Social Change.
Simpson, J. A. and Weiner, E. S. C. [1989a] *Oxford English Dictionary,* 2nd ed., Vol. 1, A-Bazouki, Clarendon Press, Oxford.
─────── [1989b] *Oxford English Dictionary,* 2nd ed., Vol. 14, Rob-Sequyle,

Clarendon Press, Oxford.
Torres L. and Pina V.［2003］"Accounting for Accountability and Management in NPOs: A Comparative Study of Four Countries: Canada, the United Kingdom, the USA and Spain," *Financial Accountability and Management*, Vol. 19, No. 3, pp. 265-285.
Vincent, S.［2015］*SORP2015 Made Simple*（http://www.sayervincent.co.uk/wp-content/uploads/2015/07/SORP2015MadeSimple-SayerVincent-July2015.pdf, 2018年5月4日アクセス）.
Walker, A. F.［2016］*The Charities Acts Handbook*, LexisNexis, Great Britain.
William, S. and Palmer, P.［1998］"The State of Charity Accounting-Developments, Improvements and Continuing Problems," *Financial Accountability and Management*, Vol. 14, No. 4, pp. 265-279.
Woodfield, P., Sir.［1987］*Efficiency Scrutiny of the Supervision of Charities*, Stationery Office.

■資料（Home Page）等
医業経営情報 Report［2017］（http://www.sekisoken.co.jp/pdf/report201707_2.pdf, 2018年9月7日アクセス）。
「医療法」（http://elaws.e-gov.go.jp/search/elawsSearch/elaws_search/lsg0500/detail?lawId=323AC0000000205_20180601_429AC0000000057&openerCode=1, 2017年9月5日アクセス）。
厚生労働省「医療法人会計基準の必要性に関する研究」（https://www.mhlw.go.jp/topics/bukyoku/isei/igyou/igyoukeiei/houkoku/16houjin.html, 2018年9月4日アクセス）。
厚生労働省「社会福祉法人制度改革について」（https://www.mhlw.go.jp/file/06-Seisakujouhou-12000000-Shakaiengokyoku-Shakai/0000155170.pdf, 2018年9月7日アクセス）。
厚生労働省「病院会計準則（改正案）」（https://www.mhlw.go.jp/topics/bukyoku/isei/igyou/igyoukeiei/houkoku/04an-mokuji.html, 2018年9月4日アクセス）。
厚生労働省「病院会計準則の見直しについての調査」（https://www.mhlw.go.jp/topics/bukyoku/isei/igyou/igyoukeiei/houkoku/03an.html, 2018年9月4日アクセス）。
「私立学校法」（http://elaws.e-gov.go.jp/search/elawsSearch/elaws_search/lsg0500/detail?lawId=324AC0000000270_20160401_426AC0000000069#A, 2018年9月6日アクセス）。
内閣府「NPO」（https://www.npo-homepage.go.jp/about/kokusai-hikaku/charity-gaiyou, 2017年3月28日アクセス）。
内閣府「NPO（民間非営利組織）ワーキング・グループ報告書」（http://www5.cao.

go.jp/98/e/19980513e-keishinnpo.html，2018年6月28日アクセス）。
文部科学省「私立学校法の一部改正（平成26年法律第15号）」（http://www.mext.go.jp/a_menu/koutou/shinkou/07021403/001/001/1346473.htm，2018年9月7日アクセス）。

Charities Act「legistlation.gov.uk」（http://www.legislation.gov.uk/，2018年5月24日アクセス）．
Chrity Commission「Recent Charity Register Statistics」（https://www.gov.uk/government/publications/charity-register-statistics/recent-charity-register-statistics-charity-commission，2018年9月7日アクセス）．
「Charity Commission」「Operational Guidance」（http://ogs.charitycommission.gov.uk/，2017年3月25日アクセス）．
「The Charity Commission for England and Wales and The Office of the Scottish Charity Regulator」，（http://www.charitysorp.org/about-the-sorp/sorp-committee/，2017年4月18日アクセス）．
GOV. UK,「Permanent endowment : rules for charities」，https://www.gov.uk/guidance/permanent-endowment-rules-for-charities，2017年5月17日アクセス）．
「ICAEW」（http://www.icaew.com/en/technical/financial-reporting/uk-gaap，2017年4月28日アクセス）．
「NCVO」（https://data.ncvo.org.uk/a/almanac17/income-sources-2/，2018年2月23日アクセス）．
「UK Accounting Plus」（https://www.iasplus.com/en-gb/news/2013/07/charity-sorp-ed，2017年4月27日アクセス）．

索　引

◆数　字
1960年チャリティ法……………………58
1992年チャリティ法……………………58
1993年チャリティ法……………………61
2006年チャリティ法……………………62
2011年チャリティ法……………………64

◆欧　文
FRS102SORP………………14, 151, 153
NPO 法人会計……………………………29
SOFA………………14, 108, 113, 118, 159
SORP……………………………13, 95, 96
SORP1988………………………………96
SORP1995………………………………102
SORP2000………………………………109
SORP2005………………………………114
TFV………………………………13, 42
UK GAAP……………………13, 41, 44

◆あ
アウトカム………………………………119
アウトプット……………………………119
アカウンタビリティ……………………8, 95
意思決定有用性……………11, 79, 178, 179
一般に認められた会計原則…………13, 44
医療法人会計……………………………23
インパクト………………………………119

◆か
会計実務勧告書…………………………13
学校法人会計……………………………25
活動計算書…………………………180, 183
キャッシュ・フロー計算書
　………………………108, 118, 137, 163
業績………………………………117, 171
現金主義会計……………………………47
公益法人会計……………………………22
公益ユース法……………………………56

◆さ
財務活動計算書……………………14, 143
資金計算書………………………88, 100, 132
資源の拘束………………………14, 80, 179
実現原則…………………………………48
社会福祉法人会計………………………27
収益勘定…………………………………81
収支計算書……………87, 100, 107, 118, 141
真実かつ公正な概観…………………13, 42

◆た
対応原則………………………………48, 50
貸借対照表………88, 100, 108, 113, 118, 161
チャリティ………………………………33
チャリティ委員会………………33, 56, 67
チャリティ法……………………33, 55, 56

◆な
ナラティヴ（Narrative）情報
　………………………105, 112, 117, 169, 173
ナラティヴ部門…………………………99

◆は
発生原則…………………………………48
発生主義会計……………………5, 47, 49
非営利組織………………………………1
ファンド会計……………………165, 172

◆ま
無拘束資源………………………………80

《著者紹介》

兵頭 和花子（ひょうどう　わかこ）

2004年　神戸大学大学院経営学研究科博士後期課程単位取得退学
　　　　兵庫県立大学経営学部講師
2005年　神戸大学博士（経営学）
2007年　兵庫県立大学経営学部准教授 現在に至る

〈主要著作等〉

「政府・自治体の公会計―アメリカ公会計の起源と特徴―」（川崎紘宗氏と共著）中野常男・清水泰洋編著『近代会計史入門』同文舘出版，2014年所収。

「事業費および管理費の区分について」『非営利組織会計の研究（最終報告書）』非営利法人研究学会　公益法人研究委員会，2017年。

「非営利組織における純資産の拘束性について―日本と英国を対比して―」『商大論集（兵庫県立大学）』第70巻第1号，2018年。

非営利組織における情報開示
―英国チャリティ会計からの示唆―

2019年2月10日　第1版第1刷発行

著　者　兵　頭　和花子
発行者　山　本　　　継
発行所　㈱中央経済社
発売元　㈱中央経済グループ
　　　　パブリッシング

〒101-0051　東京都千代田区神田神保町1-31-2
電　話　03（3293）3371（編集代表）
　　　　03（3293）3381（営業代表）
http://www.chuokeizai.co.jp
印刷／東光整版印刷㈱
製本／誠製本㈱

©2019
Printed in Japan

＊頁の「欠落」や「順序違い」などがありましたらお取り替えいたしますので発売元までご送付ください。（送料小社負担）

ISBN978-4-502-29171-5　C3034

JCOPY〈出版者著作権管理機構委託出版物〉本書を無断で複写複製（コピー）することは，著作権法上の例外を除き，禁じられています。本書をコピーされる場合は事前に出版者著作権管理機構（JCOPY）の許諾を受けてください。
JCOPY〈http://www.jcopy.or.jp　eメール：info@jcopy.or.jp　電話：03-3513-6969〉

── ■おすすめします■ ──

学生・ビジネスマンに好評
■最新の会計諸法規を収録■

新版 会計法規集

中央経済社編

会計学の学習・受験や経理実務に役立つことを目的に，最新の会計諸法規と企業会計基準委員会等が公表した会計基準を完全収録した法規集です。

《主要内容》

会計諸基準編＝企業会計原則／外貨建取引等会計処理基準／連結CF計算書等作成基準／研究開発費等会計基準／税効果会計基準／減損会計基準／自己株式会計基準／1株当たり当期純利益会計基準／役員賞与会計基準／純資産会計基準／株主資本等変動計算書会計基準／事業分離等会計基準／ストック・オプション会計基準／棚卸資産会計基準／金融商品会計基準／関連当事者会計基準／四半期会計基準／リース会計基準／持分法会計基準／セグメント開示会計基準／資産除去債務会計基準／賃貸等不動産会計基準／企業結合会計基準／連結財務諸表会計基準／研究開発費等会計基準の一部改正／変更・誤謬の訂正会計基準／包括利益会計基準／退職給付会計基準／税効果会計基準の一部改正／収益認識基準／原価計算基準／監査基準／連続意見書　他

会 社 法 編＝会社法・施行令・施行規則／会社計算規則

金 商 法 編＝金融商品取引法・施行令／企業内容等開示府令／財務諸表等規則・ガイドライン／連結財務諸表規則・ガイドライン／四半期財務諸表等規則・ガイドライン／四半期連結財務諸表規則・ガイドライン　他

関 連 法 規 編＝税理士法／討議資料・財務会計の概念フレームワーク　他

■中央経済社■

■最新の監査諸基準・報告書・法令を収録■

監査法規集

中央経済社編

本法規集は，企業会計審議会より公表された監査基準をはじめとする諸基準，日本公認会計士協会より公表された各種監査基準委員会報告書・実務指針等，および関係法令等を体系的に整理して編集したものである。監査論の学習・研究用に，また公認会計士や企業等の監査実務に役立つ1冊。

《主要内容》

企業会計審議会編＝監査基準／不正リスク対応基準／中間監査基準／四半期レビュー基準／品質管理基準／保証業務の枠組みに関する意見書／内部統制基準・実施基準

会計士協会委員会報告編＝会則／倫理規則／監査事務所における品質管理　**《監査基準委員会報告書》**　監査報告書の体系・用語／総括的な目的／監査業務の品質管理／監査調書／監査における不正／監査における法令の検討／監査役等とのコミュニケーション／監査計画／重要な虚偽表示リスク／監査計画・実施の重要性／評価リスクに対する監査手続／虚偽表示の評価／監査証拠／特定項目の監査証拠／確認／分析的手続／監査サンプリング／見積りの監査／後発事象／継続企業／経営者確認書／専門家の利用／意見の形成と監査報告／除外事項付意見　他 **《監査・保証実務委員会報告》** 継続企業の開示／後発事象／会計方針の変更／内部統制監査／四半期レビュー実務指針／監査報告書の文例

関係法令編＝会社法・同施行規則・同計算規則／金商法・同施行令／監査証明府令・同ガイドライン／内部統制府令・同ガイドライン／公認会計士法・同施行令・同施行規則

法改正解釈指針編＝大会社等監査における単独監査の禁止／非監査証明業務／規制対象範囲／ローテーション／就職制限又は公認会計士・監査法人の業務制限

会計と会計学の到達点を理論的に総括し、
現時点での成果を将来に引き継ぐ

体系現代会計学 全12巻

■総編集者■

斎藤静樹(主幹)・安藤英義・伊藤邦雄・大塚宗春

北村敬子・谷　武幸・平松一夫

■各巻書名および責任編集者■

第1巻	企業会計の基礎概念	斎藤静樹・徳賀芳弘
第2巻	企業会計の計算構造	北村敬子・新田忠誓・柴　健次
第3巻	会計情報の有用性	伊藤邦雄・桜井久勝
第4巻	会計基準のコンバージェンス	平松一夫・辻山栄子
第5巻	企業会計と法制度	安藤英義・古賀智敏・田中建二
第6巻	財務報告のフロンティア	広瀬義州・藤井秀樹
第7巻	会計監査と企業統治	千代田邦夫・鳥羽至英
第8巻	会計と会計学の歴史	千葉準一・中野常男
第9巻	政府と非営利組織の会計	大塚宗春・黒川行治
第10巻	業績管理会計	谷　武幸・小林啓孝・小倉　昇
第11巻	戦略管理会計	淺田孝幸・伊藤嘉博
第12巻	日本企業の管理会計システム	廣本敏郎・加登　豊・岡野　浩

中央経済社